社畜上等！

会社で楽しく生きるには

常見陽平

晶文社

装丁　寄藤文平＋鈴木千佳子

目次

第2章 自分を見つめ直す

第3章 会社の中で自分を活かす

第4章 楽しく働くための仕事術

ケーススタディ　会社の中で評価される人、されない人

まえがき

『社畜上等！』

いやあ、ひどいタイトルですね。でも、この本を手にとり、ページを開いてくれたアナタは、どこかこの言葉に共感しているのではないでしょうか。

最初に言っておきます。この本は、社畜になることをすすめる本ではありません。ましてや、ブラック企業礼賛本でもありません。過労死などはあってはならないことです。ただ、どうせ会社で働くなら、その覚悟を持った上で、楽しく働こう。そんな想いをこの言葉にこめました。この本を読み終えた時、みなさんのココロが楽になる本を目指しました。

私はこれまで、どちらかというと労働者の側に立ち、ブラック企業・ブラックバイトなどを批判してきました。「働き方改革」など、一見すると労働者の役に立ちそうな取り組みについても、かえって労働強化にならないか、サービス残業が誘発されないかと問題点を指摘してきました。

その私が「社畜上等！」なんてことを言うのだから、「常見はおかしくなったのではないか」と思う人もいることでしょう。安心してください。常に労働者の側に立つという私のスタンスは変わりません。

多くの人は結局、会社で働きます。正規・非正規を問わず、多くの人は会社で仕事をします。貴方が経営者になったとしても、そこで働く人のことは意識しなくてはなりません。フリーランスになったとしても、取り引き先の会社と向き合わなくてはなりません。副業（複業）、兼業解禁が話題となりますが、その場合も仕事はどこかの会社からもらったりするわけです。

つまり、人は「会社」というものと向き合い続けなくてはならないのです。「社畜」という言葉に抵抗のある人もいるでしょう。でも、いかにもその反対にあるかのような「企業戦士」という言葉を使ったとしても、実は中身は「社畜」と一緒なのではないですか。会社に雇われ、会社のために仕事をしている点においてはまったく変わりません。

「社畜」という言葉はもともと「会社に飼いならされて、思考停止した人」を意味するものでした。当初は、社宅や社員寮など福利厚生による恩恵も含めて飼いならされている様子を指しました。そんな恩恵もだいぶ減りましたが、社畜という言葉はまだ残っています。最近は自虐的な言葉としても、ややポジティブな言葉としても使われます。

人は社畜に生まれるのではありません。社畜になるのです。それならば、立派な社畜、楽しい社畜、使い潰されない社畜になるという手だってあるじゃないですか。社畜なりに楽しく生きる方法を身に着けようというのがこの本の発想です。「私は社畜じゃない！」と抵抗しつつ、結局会社に使い潰されるよりもだいぶマシではないですか。

世の中や会社が変わるのには時間がかかります。だったら、自分が変われという丸投げ感のある言葉も苦手なのですが。そんな息苦しいことを言うつもりはなく、社畜なりに人生を楽しくしよう。これがこの本の目指すところです。

point

会社とどう付き合うか？

今、会社と個人の、それぞれのあり方が変化し続けています。会社と個人の関係も問われ続けています。

「もはや終身雇用や年功序列は期待してはいけない。会社にしがみついてはいけない」そんな言説が流行りはじめてから二〇年以上経ちました。たしかに、誰もが正社員の時代ではなくなりましたし、（語弊はありますが）男性の正社員なら多くが課長になることができる時代ではなくなりました。

会社関連の不祥事報道もよく見聞きします。この本を書いている二〇一七年の話題と言えば、東芝の粉飾決算、電通の若手女性社員過労自死事件、ＮＨＫでの過労死事件、神戸製鋼や東レによる品質偽装事件、日産による無資格検査事件、ＤｅＮＡのまとめサイトにおける不適切な対応など、企業の倫理や姿勢が問われるような問題が起き続けています。

ブラック企業、ブラックバイトも問題となっています。若者を使い潰す職場が社会問題化しています。

一方で別に組織に所属しなくても、自由に働くことができる時代になりました。起業も別に珍しくはありません。フリーランスで働く人も目立ちます。会社に勤めながら副業をする人も見かけます。

ノートパソコンとスマートフォンさえあれば、仕事ができるのです。レンタルオフィス、シェアオフィス、仕事に使えるカフェも増えました。クラウドソーシングサービスという、仕事を依頼したい企業と、仕事をしたい個人を案件ベースでつなぐサービスも登場しました。これはP2Pエコノミーなどと呼ばれ、注目を浴びています。

しかし、それでも毎年、約四〇万人近くの大卒者が企業に新卒で入社します。同じ組織で長く勤めたいという若者の割合は、転職を考えてもよいという者よりもはるかに高い割合であり続けています。自由な働き方なるものも、会社で働くことへのカウンターとしての概念として成立していて、会社で働くということが社会の大きな前提であることがわかります。

つまり。現状の日本の会社がさまざまな問題を抱えていて、個人の働き方も多様になりつつありますが、とはいえ、会社というものの存在は個人にとって相変わらず大きいのではないか。そうであるがゆえに、会社との関係、楽しく働く方法を考えざるをえないということなのです。

point

電通自死事件は、会社と個人の関係を問いかける

大手広告代理店電通の新入社員高橋まつりさんが、社員寮から投身自死した事件は会社と個人の関係や働き方を問うものでした。一〇〇時間を超える残業をしていたことなどから、労災として認定されました。彼女はTwitterで何度もSOS的な危険なシグナルを発信していました。「休日返上で作った資料をボロくそに言われた。もう体も心もズタズタだ（二〇一五年一〇月一三日）」「土日も出勤しなければならないことがまた決定し、本気で死んでしまいたい（二〇一五年一一月五日）」など、過酷な状況で働いていたことが感じられる内容をツイートしていました。中には上司からパワハラを受けていたことを思わせるものもありました。

業界最大手、就活生の人気企業ランキングで上位に入り続けた企業で起こった事件であること、亡くなった方が、東大卒で、母子家庭で育ったことなど、さまざまな要素が

絡みあって、センセーショナルな取り上げ方をされたように思います。

電通では、この問題を受けて社長が引責辞任しました。刑事事件にもなりました。遺族や有識者との話し合いの上で包括的な働き方の見直しをすること、組織風土を変革することを約束し、改革に取り組んでいます。巨額の資金を投じ、人材の増強、ＩＴへの投資などを進めています。

この高橋まつりさんの過労自死事件の報道の論点の一つは、会社と個人の関係のあり方です。今回の例だけでなく、何度も過労死、過労自死事件が発生している電通は猛反省するべきです。ただ、「明日は我が身」と思った方も多いのではないでしょうか。モーレツに働くと言われてきた電通マンですが、一方で電通よりも忙しい会社があることもまた事実です。この問題に絡めて言うならば、電通の仕事を請けている企業などは、より低賃金で過酷な仕事をしているわけです。

事件が発生した際に、ある大学の教授が「一〇〇時間程度の残業で亡くなるなど情けない」とネットでコメントし、炎上しました。過労死ラインを超える労働を肯定し、死者や遺族の気持ちを踏みにじるこの発言は当然、看過するべきものではありません。やや感情を手放して言うならば、「大学の教授ですら、こういうことを言う人がいる」のです。ネットでは過激な発言が注目される傾向がありますから、この方も目立つためにややトーンを強めて言っていたのかもしれません。ただ、「情けない」とまでは言わないものの「私もこれくらい働いている」と思った人なら多数いるのではないでしょうか。これもまた現実なのではないでしょうか。

大手企業約二〇社の人事責任者が集まる勉強会で、こんなワークをしたことがあります。「あなたは、自分だったら電通自死事件をどのようにして防ぐことができましたか？」という、デリケートな問題について議論しました。不謹慎と言われるかもしれません。でも、だからこそ具体的に考えなくては、第二の悲劇が起きてしまうのです。

結論から言うと、その場では有効な打ち手がほぼ出ませんでした。「新人面談の強化」「管理職研修」などの施策は出ましたが、各社がそれを行っているかというと、そうではありません。働き方改革成功企業の一つとして知られている企業の方が「やっぱり、対処するのは難しかったと思う」と言い切ったのが印象的でした。

電通自死事件を語る時には、私も含めて「べき論」「理想論」で語りがちです。重大な事件であるがゆえに、下手なことが言えない空気もあるでしょう。

これという解決策もなく、私たちは、このような社会で生きていかなくてはならないのです。そう考えると、やるせない気分になります。「会社に入ったら、しょせん社畜になるしかないのだ」と嘆いてみても仕方ありません。それでも、私たちは会社との関係を問うていかなければならないのです。

私は一九九七年に社会人になりました。大手企業二社、ベンチャー企業、フリーランス活動を経て、現在は大学の教員をしつつ、評論家活動をしています。さまざまな角度から日本の会社、仕事を見てきました。この本は、私の社会に出てからの約二〇年の集大成のようなものです。一言で言うと、いろいろな問題があるけれど、やっぱり会社っていいものですよというのが、私の言いたいことです。

この本で、あなたが少しでも元気に働くことができたらいいなと思っています。上は向かなくていいです。前を向いて歩きましょう。それではどうぞ。

第1章

会社を捉え直す

01 会社とは、コミュニティである

「会社とは何か？」

この章では、この問いについて、考えたいと思います。「給料をもらうために行く場所」だとか、「今の会社、苦手だな」とか、そういう常識や感情をいったん手放して、できるだけ、さまざまな角度から会社を捉え直したいと思います。

会社とは、コミュニティです。それが私の会社に関する一つの答えです。

「会社」を英語に訳すと何でしょうか？　そう、Companyです。仲間とか一座という意味ですね。

日本で最初に「会社」という言葉を使ったのは福沢諭吉の『西洋事情』だと言われています。ここでは「商人の会社」「病院を作る会社」「新聞を作る会社」「学校を作る会社」「宗教の会社」というように、「有志の非営利的集団ないし結社」という意味で使われています。「会社」という字がCompanyの訳であることが感じられますね。Companyの語源は、ラテン語で「一緒にパンを食べる人」という意味だと言われています。やはり会社とはコミュニティなのだということがよくわかります。

会社に関しては、企業という表現もあります。「企業」は「業」を「企」てると書きます。こちらの方が、何かビジネスをしている感じがしますね。経営学の入門書では企業活動の目的は「永続的な価値の創造と利益の追求」だと定義されています。いかにもお金儲けの臭いがします。

「儲ける」というと、何か意地汚いように聞こえますが、これは企業が存続するためには必要なことです。儲けた分をよりよい商品・サービスづくりに投入し、さらに高い価値を生み出す。この繰り返しです。「儲け」は、顧客からの拍手の数なのです。もし、企業が続かなくなると不利益を被るのは、顧客でもあります。会社とはそのような価値と利益をともに追求する場所なのです。

同じ目標に向かう――だからこそ、私は会社はコミュニティになりえると考えるのです。コミュニティは自分の居場所になりえます。会社に行けば、上司や同僚や後輩がいるし、取引先など、仕事関連で会う人たちもいます。必ず自分の机と椅子があり、電話があります。複合機もたくさんのアプリが入っているPCもあります。会社によっては、社食や休憩所だってあります。当たり前のことのようですが、これはすごいことです。たとえば、オフィス一つ取ってみても、すべて自分で揃えるとなったらお金がかかります。それが、すべて会社には最初から揃っているのです。

「会社をやめて自由に働きたい」と言っている人がいます。気持ちはよくわかります。ただ、よく考えてみてください。会社を辞めるということは、このオフィスという場所を失うということなのです。

私は約二〇年の社会人生活のうち、三年だけフリーランスで活動していたことがありました。その時、私と同じように会社に勤めた後、フリーのライター、編集者として活躍していた方としみじみ、次のようなことを話しました。「会社員のころは、居場所があり仲間がいてよかった」と。

何かで迷ったら仕事の相談ができる上司、競い合える仲間がいるのです。なにげなく、ヒントももらえるのです。何から何まで自分で抱え込まなくてはならないフリーランスとは大違いです。

まわりに大勢の人がいることは、煩わしいことも多々あります。ただ友人やお世話になった人が亡くなった時も、会社があって、まわりに人がいたからこそ、私は普通でいられました。会社で開かれる社内イベントや、社として参加する地域のお祭りなどのおかげで、社内での仲間を増やすことができました。このようなイベントのおかげで、仕事では見ることのできない、他の方のいい部分を発見することだってできました。

このように、会社とはコミュニティであることをまず、認識しておきたいのです。公私混同はよくないと言われますが、会社とはサークルのようなものだと考えると、少し、元気になりませんか？

02 会社とは、ビジネススクールである

私は、大学でキャリア教育科目の講師をしています。簡単に言うと、社会のこと、会社のこと、自分のことを深く知り、自分の生き方を考えるための科目です。高校までの科目で例えるならば、社会科と道徳を混ぜたようなものです。現代の労働社会の現実を学んだり、各業界・企業の実態を調べたり、活躍する社会人の話を聞いたりと、バラエ

ティに富んだ学際的な科目です。その上で、自分のキャリアプランを考えます。大学では今、大学生活と、卒業後の人生を考えるために、この科目に力を入れています。

このような商売柄、私は普段から、他人の人生に激しく興味を持っています。そのため、日常的に新聞や雑誌に出ている著名人のインタビューや回顧録を愛読しています。例えば、有名どころで言うならば、日本経済新聞の朝刊文化面に載っている「私の履歴書」などです。

この手の欄を読むと、「〇〇支店時代に営業の基本を学んだ」「〇〇支社時代に社会人の基礎を叩きこまれた」「〇〇社時代に、育てていただいた」などというフレーズが散見されます。「学ぶ」「叩きこまれる」「育てられる」まるで、会社が学校のように思えてきます。そう、会社とは実はビジネススクールなのです。

日本の大学では、家政学部、医学部、薬学部、看護学部など一部の学部・学科を除き、会社に入ってすぐに使えるスキルを学ぶことができません。いや、これらの手に職系の学部を出たところで、そこで得たスキルを使えるようにするためには、現場でのトレーニングが必要です。結局、一人前になるためには、働かなくてはならないのです。

会社はその点において、ビジネススクールのようなものだと言えます。ＯＪＴ（On-The-Job Training）でも、ＯＦＦ－ＪＴでも仕事の仕方を学ぶことができます。

より具体的に言うならば、電話の取り方、メールの書き方、敬語の使い方、商談の進め方、社内の会議の進め方、議事録の取り方、企画書の書き方など、一通りの基礎的なビジネスのスキルを学ぶことができます。困難な局面をどう乗り越えるのか、理不尽な想いをした時にどう考えるのか、キャリア形成のヒントなどを学ぶことができます。

若くしてビジネスを起こすことなどが以前と比べると容易になり、いきなり独立、起業する若者も見かけるようになりました。もっとも、彼ら彼女たちと会って残念だなと感じることもあります。往々にして基本的なビジネススキルやマナーがなっていないからです。効率が悪いのではないか、信頼を失うのではないかと心配になってしまいます。

これは企業が新人研修を代行しているという話だけではありません。日本企業はよくも悪くも、人事異動などによってポジションや、担当する仕事の中身が変化していきます。自然にスキルが身についていくのです。

このように、会社はビジネススクールでもあります。学びの場として捉え直してみましょう。

03

会社とは、仕事エージェントである

「同情するならカネをくれ」

一九九四年に大ヒットした、日テレ系のドラマ『家なき子』の有名なセリフです。主人公の安達祐実さんは当時一二歳でした。今や、ママになりました。中島みゆきさんが歌う主題歌「空と君のあいだに」も大ヒットし、彼女の代表曲となりました。なんせ二〇年以上前のドラマなので、現在、一〇代、二〇代の人の中には知らない人も多いことでしょう。

この、「同情するならカネをくれ」というセリフが流行った頃は、まだ「格差社会」なる言葉が社会の全面に出ていない時代でした。日本は豊かだと思われていて格差は隠されていました。あの頃に生まれた若者たちは、いまや決して豊かではありません。大学生を見ていても、明らかに仕送り額は減り、アルバイトをしなくてはならない若者が増えています。

この言葉は、今こそ響く言葉です。もっと言うならば、「カネをくれ」ではなく、「仕事をくれ」と。正社員として就職をすること、フリーランスとしてまとまな仕事をもらうことが、このドラマが放送された頃よりも困難になっていると感じます。

でも、仕事自体はあります。求人倍率などを見ると二〇一〇年代半ばは明らかに回復傾向です。就職難と言われる時期においても、よく見ると求人は常に求職者に対して余るほどあります。

ただ、自分に合っている企業、職種があるかどうかが問題です。よく言われるのが、求人倍率は回復していても、産業構造が変わっており、増えている仕事はサービス業、特に飲食や介護などが中心です。これらの仕事を悪いとは言いません。ただ、みなが大卒者として就職したいと思うような企業に入るのは、狭き門となっており、困難です。そのためのプロセスが煩雑化していることも難点です。ウェブの時代になっていて諸々効率化されそうなのにも関わらず、就活などのプロセスはエントリーシートの記入などもあり、かえって手間がかかるものになっています。カネを稼ぐための仕事を得るというのは大変なことなのです。

私がフリーランスだった三年間、毎日、三つの日課がありました。一つ目は、夜の〇時すぎと、朝起きたらすぐ、さらには昼に、ネットバンキングの口座を開くこと、二つ目は郵送物を振込明細書だと思われるものから開封すること、三つ目は自分のホームページの問い合わせ窓口アドレスのメールは瞬時に開封することです。すべてはお金と、仕事のためです。

私は金の亡者ではありません。お金がどれくらい好きかというと、中くらいです（このお金がどれくらい好きかは、働き方を考える上で、大事な視点です）。お金がすべてだと思い、ガツガツ稼ぐつもりはありませんし、豪邸に住みたいとは思いませんが、とはいえ、好きなことができるなら稼ぎは最低限でＯＫとは思いません。衣食住にもそれぞれ、こだわりたい方です。結果としてお金は必要になります。

おかげ様で、フリーランスになってから執筆、講演、コンサルティングなど受け切れないくらいの、時にはお断りしなくてはならないほどたくさんのお仕事をいただき、会社員の頃よりも明らかに年収は上がりました。

とはいえ、このように、終始「お金はあるか」「仕事はあるか」と、毎日、気になってしょうがないのが、フリーランスの現実なのです。定期的にお金が入るわけではありませんし、仕事がいつ途切れるかわかりません。

会社というのは、その点においてお金と仕事が安定して供給される、ありがたい場所なのです。正社員であれば、月給が毎月、振り込まれますし、常に仕事があります。よっぽど素行とパフォーマンスが悪い人以外には、仕事がやってきます。

しかも、日本の会社の場合、人事異動が存在します。部署間の異動や、職種の変更、昇進・昇格というものがあることを、プラスに考えてみましょう。人事異動は、転職しなくても、社内で次の仕事を見つけるということなのです。

もちろん、この異動（部門間異動や職種変更）や昇進・昇格については、批判的な声もあります。入社時にやりたかった仕事ではない、自分に合わない仕事を任せられるのではないか、専門性が育たないのではないか、ずっと新しいことを覚えつづけなければならない、などの批判です。また、昇進・昇格に関しては、部下を持ってマネジメントするよりも、ずっとプレイヤーとして頑張りたいと考えている人にとっては、うれしいとは限りません。

とはいえ、この人事異動があるがゆえに、経験が蓄積され、さまざまな能力が身につき、より大きな仕事ができるようになるのです。さらには、仕事をしているうちに、自分に向いている仕事とは何かが発見できるのです。仕事はやってみなければわからないので、自分には向いていないと思っていた仕事に意外な適性があったり、やってみたら楽しくてやりがいがあると考えが変わることだってあります。『ドラゴンクエスト』シリーズなどを思い出してください。イメージとしては、働いて、異動を繰り返していくうちに、魔法を使える戦士になっていくようなものです。

このように、会社は仕事エージェントであり、いつもお金と仕事が回ってくる。これが大きな特徴です。

04 会社の魅力とは、「やらされる」ことである

「会社に入ると、好きなことができない」

よく学生や若手社員が口にする会社批判です。単なる若者のわがままのように聞こえますが、この批判は実は日本企業の雇用形態の問題を的確に表現しています。日本の正

社員総合職の雇用は、雇用・労働問題の専門家である濱口桂一郎氏の言葉を借りると「空白の石版」、つまり白紙状態であると例えられます。つまり、入社してから何をやらされるか、まったくわからないまま、入社してくるのです。部門別、職種別採用を行っている企業や、異動や転勤、昇進・昇格などが限られている雇用形態も存在します。しかし、多くの場合は、どの部署に配属されるのか、どの職種なのかが明確ではありません。

余談ですが、就活生の間では「配活」という言葉が流行りつつあります。これは希望の配属を勝ち取るための活動です。内定が出た後も、顔を売るためにＯＢ・ＯＧ訪問を繰り返したり、配属を希望する部署でアルバイトをしたり、配属面接で有利になるように英語力アップを目指したりする行為です。そのために、留学をする者、学生時代に力を入れたエピソードをもう一つ、二つ、作り出そうとする強者もいます。

就活生は、エントリーシートや面接で「商品企画担当として、新たな収益の柱になるような商品を開発したい」「海外営業担当として、世界中に商品・サービスを広げたい」などと勇ましいことを言います。面接官はその想いや姿勢を評価しますが、配属まで約束してくれません。このように新規事業や新商品をつくるとか、グローバルに活躍したいなどと言ったところで、最初の配属は縁もゆかりもない地方の営業所で、中小企業相手の営業担当をすることだってありえます。この仕事を悪いことだと言っているわけではありませんが、要するに希望が通らないことがありうるし、むしろそれが普通のことです。

この希望が通らないという問題は、日本の労働現場の問題としてあげられます。本人が自主的にキャリア形成することができません。

ただ、この会社から希望外の仕事を任せられるということは、悪だと言い切れるのでしょうか。この仕事を「やらされる」という行為が個人のキャリアの幅を広げてくれる可能性があるのです。これが会社の醍醐味です。これについては、前項の異動の問題で指摘した通りです。

前述した、縁もゆかりもない地方の営業所に配属された新人は不幸な会社生活を歩むのでしょうか？　そんなことはありません。新しい街を経験して環境適応能力が向上することもあるでしょう。営業所で、上司や先輩、顧客に揉まれるので、丁寧に育てられるチャンスに恵まれたとも言えます。担当エリアが小さくて限られているがゆえに、かえって市場を俯瞰でき、分析する能力が上がる可能性だってあります。ここで得た経験をその後、大きな都市での営業や、海外に赴任した時や、組織的に営業力を上げることに活かせるかもしれません。

会社にやらされた仕事で道が広がった例は枚挙に暇がありません。やや古い例ではありますが、プロレスラーのタイガーマスクになった佐山サトル氏の例などは「やらされた」経験で、自分の可能性が広がった例です。

佐山サトル氏は、高校時代にアマレスで活躍し、国体などにも出場しました。抜群の身体能力の持ち主として知られていました。彼はアントニオ猪木率いる新日本プロレスに入門。格闘技への関心も高く、キックボクシングのジムなどにも通い、異種格闘技戦も経験しました。海外武者修行にも出かけ、イギリスでプロレスラーとして人気選手となっていました。

そんな彼に、国際電話が入りました。梶原一騎原作の人気マンガ『タイガーマスク』の、二度目のアニメ化に伴い、プロレスラーとして覆面レスラーのタイガーマスクをデビューさせることになったので、その役を演じてほしいというものでした。ちょうど現地で売れはじめた頃で、大きなタイトルマッチも決まっていたこともあり、彼は来日を拒否します。何度も頼み込まれ、彼は一度だけという条件で、人気を集めていたイギリスを離れ、来日します。

タイガーマスクの虎の仮面は、子供たちにとって憧れの存在ではありましたが、佐山サトル氏にとっては、「布切れ」に過ぎませんでした。実際、来日した彼に渡された衣装はまさに「布切れ」でした。タイガーマスクをデビューさせることは肝いりの企画だったのにも関わらず、団体がマスクの発注を忘れていたために、スタッフが一晩でつくった本当に布切れのような格好の悪いマスクが用意されていたのでした。余談ですが、このマスクの作成には、のちにバンダイの初の生え抜き社長となった、上野和典氏が関わっていました。

しかし、この会社の命令により一回だけの約束で「布切れ」をかぶったことが、彼の人生を、さらにはプロレス界を大きく変えます。タイガーマスクは、一夜にしてスーパースターになりました。格闘技特訓と、海外武者修行を経た彼の動きは、今まで誰も見たことのない動きでした。キックボクサーや空手家のように円を描き相手のまわりを動くフットワーク、速い回し蹴り、ハイスピードな攻防、空中殺法に華麗なスープレックス……。すべてがこれまでのプロレスにないものでした。

「一回だけ」という約束でしたが、大人気になり、彼はずっとその「布切れ」をかぶり続けました。ダイナマイト・キッド、ブラック・タイガー、小林邦昭といったライバルにも恵まれ、八〇年代前半の新日本プロレスブームの中心に彼は居続けました。いつも会場は超満員で、高い視聴率を叩きだしていました。

しかし、人気絶頂の中で、彼は突如として、契約解除を申し出て、引退を表明します。自分の理想を追求するために、総合格闘技シューティング（のちの修斗）を立ち上げます。この修斗自体、何度かブームになっていますし、プロだけでなく、アマチュア向けの道場ができ練習生も数多く擁し、大きなネットワークになっています。世界の総合格闘技にも、彼が考えたスタイル、ルールなどは影響を与えています。

もっとも、彼はプロレスを否定したわけではありません。その後、プロレスのリングに戻ってきました。二〇一七年に還暦を迎えましたが、今もリングに上がっています。プロレスから離れて理想を追求しようと立ち上げた総合格闘技はタイガーマスクとしての名声があったからこそ、注目が集まったのです。

彼は会社から「布切れ」を渡されたことにより、人生が変わりました。もちろん、彼ほどの天才なら黙っていても頭角を現したかもしれません。とはいえ、自ら虎の仮面に身を包んだでしょうか？　会社にやらされた仕事によって、彼は大ブレークしたのです。

これはあくまでプロレスラーの事例です。しかし、会社員にも通じるものがあります。無茶振りかと思えるような仕事、不本意な左遷に近いような異動も、自分にとって変化のチャンスになるかもしれません。毎年、企画職を希望していて、配属が営業職で、しかも希望していない事業部だったという新人をよく見かけます。しかし、結果として営業で花開いたりします。各社のトップ営業マンは必ずしも希望通りの配属ではなかった人たちもいるのです。任された、やらされた仕事こそ天職になるかもしれないのです。

05 会社の看板があれば、誰とでも会うことができる

会社があるからこそ、人は信頼を勝ち得ます。会社の看板を背負っているからこそ、できることがあります。たとえば、会社の名刺というのは、自分の信頼を高めるツールです。名刺があるから、人は会ってくれるのだと肝に銘じてください。それは、大会社でなくても、誰も知らない小さな会社の名刺でも、同じ役割を果たすのです。

やや自分語りをさせていただきます。私は一九九七年にリクルートに入社し、通信

サービスの営業部に配属されました。新人研修の一環として、「飛び込み大会」というものがありました。大量の名刺と、自分の部署である通信サービスのパンフレットと地図が渡されます。それを持って、東京、大阪でそれぞれ約一週間、担当エリアのビルにくまなく飛び込み営業を繰り返すのです。「飛び込み大会」は、ゲーム性を帯びており、それぞれの新人がどれだけできたか点数制で競い合います。点数は、飛び込み営業で、名刺交換ができたかどうか（部長以上と名刺交換すると点数がプラスに）、ヒアリングシートを埋めることができたか、申込書をもらうことができたか、などにより決まります。その結果は、イントラネットで共有されます。どの新人が勝つのかを予想する賭けまで行われます。

実際、これは想像を超える荒行《あらぎょう》です。本当に、きつかったです。飛び込み営業をすると、明らかに嫌な顔をされ、冷たくあしらわれます。当時はまだ、リクルート事件の記憶も新しい頃で、評判は最悪な時でした。こういう強引な営業をする企業として認知されていました。暴言をはかれることだってありますし、名刺を破られることだってあります。私もひどい目に合いましたが、中には間違えて暴力団事務所風の場所に飛び込んでしまうという修羅場を経験した仲間もいました。少しでも、移動時間を稼ぐために一番上のフロアまでエレベーターで上がった後、非常階段を降りて移動します。しかし、途中で力尽きて、階段の踊り場でグッタリすることもしばしばでした。私はついには、極度の緊張感と消耗から、倒れて救急車で運ばれてしまいました。

理不尽な研修はこれだけではありません。新規のアポとりの電話掛け研修では、教育担当の見守る中、用意したリストに対してとにかく電話をかけまくり、何件アポがとれたのかを競い合いました。

最近ではこの手の研修は「ブラック企業」だと批判されるキッカケにもなりますし、自社の評判を上げるものではありません。当時と違い、個人情報の管理がうるさくなっており、この飛び込み営業で名刺交換するという行為自体に対して疑問視する声もあります。電話に関しても、同様に個人情報の管理がうるさくなっており、法人に対する新規の電話営業の難易度は以前よりも上がっています。

この研修を決して賞賛するわけではありません。それどころか未だに腑に落ちません。ただ、その際に上司や先輩から言われて妙に納得したのは、「会社の名刺があるおかげで、誰にでも会える」という言葉でした。会社に所属する人は、たいていは無名です。メディアに載るような経営者や、商品開発、営業、プログラミングなど、いずれにしてもカリスマでない限り、知られている人などほとんどいません。でも、そんな自分でも、会社の名刺があるから社外の人に会うことができるのです。

この手の話をすると、「それは有名な会社だからでしょう」という批判が必ずあります。たしかに、有名企業の方が有利ではあります。とはいえ、どんな小さな会社でも、その企業に関わった人が積み重ねてきたものがありますし、信頼があります。

このように、会社にいるからこそ、自分の信頼度も高まるのだということを意識してほしいです。

06 会社があるからこそ、可能性が広がる

よく会社は個々人を縛るような存在だと否定されます。しかし、実際にそうでしょうか。

解散した国民的アイドルグループSMAPを例に考えてみましょう。たとえが大げさなようですが、実は会社員と共通する部分が多いのです。

二〇一六年一月にスポーツ新聞がSMAP解散説を報じました。当初は、ソースがスポーツ新聞であったことから「ガセネタ」かと思われました。その後、五人は番組の中で騒動について謝罪を表明しました。その時メンバーの様子を見て、SNS上では「葬式」「お通夜」と揶揄する声も多数みられました。それくらいメンバーに元気がなかったのです。そしてついに二〇一六年夏には、解散が正式発表されました。今は、メンバーがそれぞれ活動しています。

ファンとしては悲しい事件ではあります。これをめぐって、ジャニーズ事務所を批判する声も噴出しました。前出の謝罪会見に関しても、事務所に抑圧されている証拠であるとされ、ジャニーズ事務所は「ブラック企業みたいだ」「ジャニ工船」などと言われました。

ジャニーズ事務所は特徴が明確な事務所ではあります。タレントに優劣を付けないがゆえに、各賞の受賞は辞退する、ネット上での画像の露出はすべてNGなどです。グループの結成などはジャニー喜多川氏の一存で決まります。「YOUたち、デビューだから」というように。

もっとも、SMAPはジャニーズ事務所の中でも、今までのタレントとは大きく異なった存在でした。それまでのジャニーズ事務所のタレントはいかにも創り上げられたアイドルという感じでした。ルックスがよいのは当たり前ですが、歌に踊りにドラマにと、なんでもこなさなくてはなりません。衣装も創り込まれていました。

それに対してSMAPはこれまでのジャニーズに比べると、だいぶドレスダウンし、ネルシャツやデニムなどを着用し、カジュアルなイメージを打ち出しました。ジャニーズ事務所所属の芸能人であるがゆえに、ルックスはもちろんよいのですが、完璧なイケメンというわけでもありません。歌やダンスに関しては、よくイジられるポイントではありますが、みんながうまいわけではないですし、苦手なメンバーもいます。

しかし、メンバーそれぞれの個性を尊重していること、仲がよい（仲がよさそうに見える）こと、バラエティ番組などでトークができること、音楽もこれまでよりも幅広くセンスのよい曲を歌っていることなどが評価されました。それぞれ、SMAP以外での活動も光っていました。SMAPは明らかに、これまでのジャニーズのタレントと異なっていました。ある意味、ジャニーズに反逆した存在がSMAPだったといえます。解散に関しても、諸説ありますが、SMAPらしさの最大の特徴とされていた個性の尊重や、みんなが仲がよさそうという要素がなくなっているとするならば、解散はやむをえないとも言えます。

そもそも、ＳＭＡＰはジャニーズ事務所がなくても、ここまでビッグになれたでしょうか。私はＳＭＡＰに関して、同事務所を完全に悪だと決めつけることに違和感を抱いています。事務所が機会を作ったからこそ、プロデュースしたからこそ、これだけ大きくなれたのです。ジャニー喜多川氏は、テレビ局関係者や、著名プロデューサーなどに「ＳＭＡＰを平成のドリフターズ、クレイジーキャッツにしてほしい」と売り込んだといいます。プロデュースされたからこそ、ここまでビッグになれたのです。

もちろん、個々人が才能の持ち主であることは言うまでもありません。黙っていても、世に出ていた人もいたことでしょう。それこそ、ジャニーズ事務所所属じゃなかったとしても、です。でも、これだけブレークできたのは会社のプロデュース力によるところが大きいのは明らかです。そうでなければ、歌や踊りがトップクラスというわけではないという理由でデビューできなかった可能性すらあるわけです。

タイガーマスク同様、いわばＳＭＡＰも「やらされたこと」でブレークしました。さらには、言ってみれば自分たちの弱点とも言える部分、劣っている部分を逆に活かしました。さらに、プロデュースされることで輝きました。いかにも自立した個人が求められる社会ですが、自分の弱みを強みに変換すること、会社に身を委ねることによって新たな強みを発見するのも一つの考え方なのです。

07 会社とは、ソーシャル・ネットワークである

ＳＮＳ（ソーシャル・ネットワーク・サービス）という言葉が広がったのは二〇〇〇年代半ばでした。国内においてはmixiやGREEから始まり、二〇〇九年頃にTwitterが、二〇一〇年頃にFacebookがそれぞれ日本でもブレークし、広がりました。

いまさら言う必要もないくらいですが、ＳＮＳはもともとの友人・知人との再会や、あらたな出会いを実現することができます。

ただソーシャル・ネットワークは、インターネットを前提としたものだけではありません。例えば、地元の町内会の回覧板や、スーパーの張り紙、大学の掲示コーナーなどでよく見かける「売ります・買います」コーナーや、「求人募集」コーナーは立派なソーシャル・ネットワークです。学校のＯＢ・ＯＧ会、同期会というのも広い意味ではソーシャル・ネットワークです。

そういえば、私の古巣リクルート（現リクルートホールディングス）では、九〇年代に『じゃマール』という情報誌を出していました。ネットではなく紙媒体で、「友人募集」「売ります・買います」などの個人の広告が掲載されている画期的な情報誌でした。一時は社会現象になったほどでした。個人情報保護法などがまだなく、ネットが普及する前の出来事ではありましたが、これは紙を利用したソーシャル・ネットワーク・サービスだったと捉えています。繰り返しますが、ソーシャル・ネットワークとは、ネットを前提としたものではないのです。

実は、会社も「ソーシャル・ネットワーク」なのです。次々に新しい出会いがあり、ネットワークが広がっていく。それが会社です。

会社には、従業員がいます。しかも、新卒・中途を含め、毎年のように新しい従業員が入ってきます。少し大きな企業なら、六〇代まで勤め上げても、全員と挨拶できないくらいの従業員がいます。

仕事は一人で、一部署だけで完結するわけではないので、社内の各部署とのつながりもあります。人事異動などによりネットワークは広がっていきます。社員総会、運動会など社内のイベントや、サークル活動などで他部署の人と出会うこともあるでしょう。最近では、イントラネットという社内のネットワークの中にもコミュニティがあり、そこで共通の趣味などを持つもの同士でつながることができます。普通に働いているだけで、たくさんの人と接点を持つことができます。

何より、従業員の中で強いつながり持つことができるのが、同期入社した仲間でしょう。このネットワークはたとえ、会社を辞めたとしても続いていきます。

さらに会社には、取引先があります。顧客やパートナー企業です。ここでも出会いが生まれます。会社員を描いたドラマや漫画では、取引先にペコペコする営業担当者の姿がよく描かれます。そのような場面があることもまた事実ですが、普段の商談、取引では、こういう場面はあまりありません。互いに対等なパートナーの関係で、一緒に仕事をすすめていきます。このプロセスにおいて、仲間ができていきます。

本題とははずれますが、人間関係において、私がこだわっていることがあります。それは「人脈」という言葉を使わないことです。さらに言うならば、「人脈」という言葉を発する人とは、距離を置くようにしています。

私は名刺交換をした人を中心にメールマガジンを発行していて、その送信件数は約六〇〇〇名になっています。Facebookで「友達」になっている人は四〇〇〇人を超えています。

ただ、私はこれを「人脈」だとは思わないのですね。それは、今まで名刺交換、友達申請のやりとりをしていた数の積み重ねです。日常的に親しくしている人や、仕事で接点がある人はそのうちのごくわずかです。しかも、その「人脈」を使って何かやろうという気がしないのですね。

さらに言うならば、「常見さんの人脈で、○○さんをご紹介いただけないでしょうか」というタイプの依頼はほぼ断るようにしています。この手の依頼は、逆に○○さんと私の人間関係を悪化させてしまうのです。逆に、「AさんとBさんと同席させたらきっと面白いことになるなぁ」などと考えない限り、人を紹介することはしないようにしています。

人脈を増やしたいという気持ちはわからなくはないのですが、その度に相手を不愉快にさせているかもしれないということを、頭の片隅においてみてください。

なんでもかんでも「人脈」という言葉を使って、利用してやるという姿勢で接するのはよくないですが、働いているだけで自然につながりは増え、味方は増えていきます。会社に勤務し続ける場合も、転職する場合も、こうしてできた人脈はきっとあなたの役に立ちます。このように会社に勤務していれば、自然にネットワークが増えていくのです。会社とはいわば、リアルなソーシャル・ネットワークなのです。

08 会社とは、夢を叶えるステージである

一九七五年に、バンバンというアーチストが『いちご白書』をもう一度」という曲をヒットさせました。若い人も、タイトルくらいは聞いたことがあるでしょう。ちなみに、作詞・作曲を手がけたのはユーミンこと荒井（松任谷）由実です。卒業を間近にして、過ぎ去った学生生活を振り返る曲です。二番のサビに、こんなフレーズがあります。

就職が決まって　髪を切ってきた時　もう若くないさと　君に言い訳したね

この曲を初めてちゃんと聴いたのは、高校時代でした。学生時代の甘く切ない思い出、これから社会人になるという戸惑いが歌われたこの曲の中でも、この一節は、特にグッとくるものがありました。まるで、社会人になる、会社員になるということは、いや、

大学を卒業するということ自体が、自由な人生の葬式のようにすら感じます。会社＝不自由、会社に属さない＝自由、あるいは、会社＝安定、会社に属さない＝不安定であるかのように、特に大学生くらいまでの若者は考えるのではないでしょうか。

しかし、この認識は正しいでしょうか。違います。そもそも、現在は会社員をめぐる安定度と自由度のマトリクスは前提が大きく変化していますし、実に多様化していると言えます。さらに、これは本人のやり方次第です。上手くやると、安定と自由を同時に手に入れることができる。これが会社の醍醐味の一つです。

会社というのは、実は意外にシンプルなもので、ステークホルダー、つまり株主、社会、取引先、従業員のためになって、迷惑をかけないこと、公序良俗に反することをしなければ、何をしてもよいところなのです。

「そんなのは、ごく一部の自由な会社だけだろ？」と思う人もいることでしょう。違います。「ブラック企業」だと疑われるような、ワンマン社長が強権を発動していそうな会社ですら、自由に好きなことをやっている社員は存在します。

なぜ、彼らは自由に楽しく働いて、生き残ることができているのでしょう？　それは、会社に利益をもたらしているからです。会社の求めることと、自分のやりたいことを、絶妙にすり合わせているからです。

ただ、ここで外してはいけないのは、あくまでも利益をあげるということです。たとえばあなたが広告代理店に勤めていてユーモアあふれるＣＭを作ったり、あるメーカーで奇抜な商品を作ったとします。これは自由にやらせてもらっているわけではありません。会社の利益になるという点は外してはいけません。ただ、そこで自分の色を発揮することは十分可能だと、強調したいと思います。

上手くやれば、会社というのは、自分の夢を叶えるステージになりえるのです。

09 会社は、利用するものである

会社で楽しく働くために必要なのは、自分を摩耗させるのではなく、「会社を利用して、何ができるのか」という視点ではないでしょうか。会社に所属しなくてはできないこと、会社を利用した方が上手くいくこととは何かを考えてみましょう。

若い人たちの会社をめぐる言動を見ていると首をかしげる瞬間があります。そのうちの一つに、なぜ会社のよさを知る前に会社を辞めるのかというものがあります。その会社でしかできないことを体験する前に辞めてしまう人がいます。もったいないなと感じます。

もちろん、会社を辞める理由は単純ではありません。人間関係で悩んだり、任される仕事が自分には合わない、ブラック企業に入ってしまい体がきつい、などさまざまな、その人固有の理由があることでしょう。辞めるほうが勇気を必要とすることもあるでしょう。

ただし、ここで立ち止まってほしいのです。その会社だからできるということがないのか、もう一度考えてみてほしいのです。さらに言うならば、いま、自分がやりたいことをなんとか会社にねじ込むことができないかと考えてみてはどうでしょうか。

私はベンチャー企業の経営者のインタビューをよく読みます。自分のアイデア一つで事業を立ち上げ、上場させるなど、大きなことを成し遂げています。しかしその内実、売り上げを見ると、その生み出したビジネスの大きさが、その人の出身企業の一事業部どころか、一つの課の売上すら突破していないことがあります。「これはこの人が本当にやりたかったことなのか」と疑問がわきます。

やや自分語りですが、私が会社員時代にこだわったのは、「やりたいこと」をやるのではなく、「やりたいよう」にやるということです。しかも、会社を利用して、です。

私は「クリエイティブ・ワナビー」の若者でした。大手広告代理店に憧れていたのですが、内定には至りませんでした。広告会社に近いリクルートに入社しましたが、配属先はメディアの仕事からはかけ離れた、通信サービスの部署でした。当時の私は何度も異動願いを出しましたし、広告業界への転職を夢見つつ、『広告批評』(マドラ出版・現在休刊)や、広告クリエイターの本を読み漁り、「自分はこんなところにいる人間じゃない」と勝手に思い込んでいました。

しかし、入社三年目に営業から、営業企画の部署に移り、企画スタッフになった時に、私は変わりました。苦手な営業から、企画スタッフに異動したのは希望どおりでしたが、ここで直面したのは、どんな仕事も営業のようなものだという現実です。営業企画の仕事は、営業担当者を支援するというものです。具体的には、新規顧客開拓のためのDMを企画し送信したり、セミナーを行ったり、パンフレットなどの営業ツールをつくる仕事でした。

つまり「お客さん」が社内にいるのか、いないのかという違いです。まずは社内の人に納得して貰わないといけないのです。企画の売り先が変わるだけだったのです。さらには、その社内の「お客さん」の先には、今まで通り「お客さん」がいます。営業にいる時には、「お客さん」とのやり取りに疲弊もしましたが、けっきょく営業という仕事は避けられないのです。

その時に、目が覚めたのでした。やりたいことに近づいたとしても、やりたくないことから距離をおいても、仕事の本質は何も変わらない。

それから、私は仕事の仕方が変わりました。「やりたいこと」をやるのではなく「やりたいよう」にやろう、と。自分がもし「クリエイティブ」な世界に進んだとして、やりたいと思うことを、今の仕事の現場でやるということにこだわったのでした。「創りたい」という衝動を目の前の仕事にぶつけるようにしました。私は、「売れる」ことにつながる上、「かっこいい」「面白い」営業企画にこだわりました。

とにかく「売れる」ということは絶対にはずしてはいけません。若手営業も増え、商品・サービスも多様化していた頃なので、誰にでも使いやすく、売りにつながることは期待されていました。

一方「かっこいい」「面白い」も大事な要素です。取引先に対する見栄えもそうですし、何より営業担当者が愛着を持って使ってくれることが大事だと思ったのです。商品・サービスが売れるかどうかは、営業担当者の士気に影響するからです。

この「やりたいことをやる」ではなく「やりたいようにやる」仕事術は、その後も私の大きな軸となります。バンダイの人事担当者になってからも、採用に関わるツールやイベントに関して、いかに「かっこいい」「面白い」ものにするのかにこだわり、好評を博しました。これまでエンタメ業界に興味を持たなかった人も、これをキッカケに飛び込んできてくれました。

著者となり、その後、大学の教員になってからも私のやり方は変わりません。時に本来の職業を忘れるほど、私はその場を利用して「やりたいよう」にやることにこだわっています。ベースにあるのは、「かっこいい」「面白い」ものを創りたいという想い、それだけです。大学での講義では、プロレスやロックのライブや、演劇の要素を使うこともあります。毎回ドラマチックになること、でも、ちゃんと教育効果があることの両立を心がけています。

なんとかやりたい企画を社内でできないか、いまそれができる部署がないなら立ち上げることができないか、職権乱用すれすれのかたちで会社内で好きなことをできないかとまずは模索してみましょう。

会社を利用して何かやるという発想を持つと、会社に対する見方は劇的に変わります。

この「やりたいこと」をやるのではなく、「やりたいよう」にやる仕事術の根底には、何か他分野の好きなものの要素を、自分の分野に持ち込むという発想もあります。パクりはよくないですけど、分野を超えたパクリはもうその時点で原型を留めないものになるのです。

私は評論活動にしろ、大学での教育にしろ、まったく違う分野の人、それこそミュージシャンやプロレスラーから勝手に影響を受けて、彼らがこの仕事をしたらどうなるのかということをイメージしながら仕事をしています。こうすると、仕事がストレス解消の場に見えてくるから不思議です。

もちろん、成果は忘れてはいけません。でも、成果と両立した瞬間、最高の快楽が待っています。

Column

ONE JAPAN、わるだ組

みなさんは、ONE JAPANという組織をご存知でしょうか。簡単にいうとこれは、日本の大手企業を中心とした、企業内コミュニティの連合のような存在です。各社で立ち上がっている社内の勉強会や交流会を取りまとめたものです。連携して、世の中を変える政策、施策などを立案するのです。二〇一六年九月に発足し、四五社をこえる企業が参画しています。

ONE JAPANの発足の目的は、組織を超えたオープン・イノベーションを起こすことです。彼らは当初、五つの取り組み事項をあげました。①事業創造、②働き方の改革、③ネットワークを活かした調査の実施、④セクターを超えた交流、⑤各社の組織変革です。若手社員の現場視点と柔軟な視点、さらには組織を超えてつながる力で実践・提言していこうという取り組みです。取り組もうとしている内容は、まるで内閣府や経団連で扱うかのようなテーマです。

また、パナソニック、NTTグループ、富士ゼロックスなど日本を代表するような大企業の中には、会社が仕掛けたものではなく、社員主導型での企業内コミュニティが存在します。社内で勉強会や交流会を開いています。

富士ゼロックスには「わるだ組」という社内勉強会が二〇一二年に立ちあがりました。そもそもの発端は、東日本大震災や原発事故などの大きな出来事を経て、若手社員の間で、何かを果たさなくてはという意識が高まっていたこと、さらには大企業の中で働く意味を問い直す動きがあったことでした。閉塞感を打ち破る意味もありました。このような組織が立ちあがってから、社内の勉強会などが活発に行われるようになりました。活動は多岐にわたり、識者を招いての講演会、ハッカソンと呼ばれるプログラミング大会、バーベキューなども行われます。

誰かが手をあげると、みんなが動きだします。これをきっかけに若手だけではなく、ベテラン社員も飛び込んできました。「年齢が若い人」だけでなく、「気持ちが若い人」たちが衝き動かされたのでした。

このような話をすると、いかにも大手企業の取り組みのように聞こえますが、実際にはこれは会社が仕掛けたものではなく、ボトムアップ型で湧き起こったものです。このような人と人のつながりこそが、企業で働く魅力なのです。

Column

新宿三井ビルディングのど自慢大会

会社で勤務していると、さまざまなイベントが開催されます。各種宴会やパーティー、スポーツイベントやバーベキューなどです。これらについて、何かさめた視点で接している人もいることでしょう。ただ、これもまた、会社というコミュニティの魅力を感じる場でもあります。

中には、地域や拠点限定のイベントもあり、それに参加することで各社が盛り上がるということもあります。有名なイベントの一つが、新宿三井ビルディングの、のど自慢大会です。一九七四年から実に四〇年以上続いているイベントです。

同ビルに入居している企業から実に二〇〇組が参加します。一テナント四チームまでの枠があり、企業によっては社内枠をめぐって、予選まで開かれます。ビル内の広場にステージを設置して行われます。審査員やPA、照明はプロが担当します。

当日はプロ顔負けの演奏、パフォーマンスが展開されます。サラリーマンらしく、脱ぎ芸に近いものを展開する企業までであります。しかも、応援までが審査の対象となっているのもポイントです。このイベントのために、業務の合間や終了後にみんなで実演や応援の練習をするのでした。

優勝チームの出演者は壇上で泣き出しました。かけつけた部長風の人が激励していたのが印象的でした。

一等地のビルに入居している企業とあって、大手企業が中心でしたが、大の大人がバカになってやりきる姿がすがすがしいのです。これもまた、企業がコミュニティである一事例でしょう。

このようなイベントは組織活性化の意味を多分に含んでいます。仕事で悩んでいる社員がふっきれるきっかけになったり、部門を超えた交流を生みだしたり、ここでの接点から、人事異動につながることもあります。

なお、主催している三井不動産に直接聞いたのですが、社内の交流だけでなくビル内の交流も目的としているとのことです。災害などの際には、会社を超えた協力が必要です。きっとこのつながりはムダにはならないと彼らは信じています。

このように、企業はコミュニティであり、仲間と出会う場でもあるということをおぼえておきましょう。

第2章

自分を見つめ直す

10 エア転職をしてみる

この章では、自分の力について確認するための視点を提供します。

「自分の市場価値は、どれくらいなのだろうか」

「いま転職したら、どんな可能性があるのか」

「そもそも、自分は転職できるのだろうか」

「いまの会社でほんとうに必要な人材なのだろうか」

「他の職場に行っても使い物になるのだろうか」

そんなことで悩んでいる人はいないでしょうか。人生には悩む時間も必要ですが、悶々としていてもしょうがありません。現実を見てみませんか。

私は実体験をもとに、数年前から「エア転職」というものをオススメしています。具体的に転職を考えている人も、まったく考えていない人も、転職活動のようなことをやってみると、自分の強み・弱み、現在の職場の長所・短所などを把握することができます。また世の中の現実を知るきっかけにもなります。

利用する手段は三つです。一つめは、転職サイトに登録すること、二つめは、人材紹介会社に登録すること、三つめはしばらく連絡をとっていない友人・知人と会って情報交換することです。一つめは自由応募型の転職、二つめは人材紹介というプロが媒介する仕組み、三つめはつながりを利用した転職です。

一つめの転職サイトですが、「リクナビNEXT」「DODA」などに代表される大手転職ナビサイトにプラスして、業界特化型、地元特化型のものなどにも登録しておくとよいでしょう。このようなサイトは登録しておくと、メールマガジンで最新の求人を紹介してもらえますし、スカウトメールがくることもあります。

もっとも、大切なのは二週間に一度程度の頻度で、このようなサイトにアクセスし、検索し、求人情報を閲覧するということです。自分自身に応募できそうな求人はあるのか、転職するといくらくらい貰えそうなのかを把握するべきなのは言うまでもありません。最近では、各サービスのスマホアプリも登場しており、自分の求める条件に合った求人があるとプッシュで通知してくれるなどの機能も実装しています。

なお、この求人広告ですが、単に仕事を探すだけではなく、世の中の変化を把握するための読み物としても面白いものなのです。どの業界・企業が人材を募集しているのかを見ることは、日本経済の動きを捉えることでもあります。リクルートの創業者である江副浩正《えぞえひろまさ》氏は「求人広告は産業構造を変える」という言葉を残しました。求人広告により、新興産業に人材を送り込むという意志を感じる言葉です。

二つめの取り組みは、人材紹介会社への登録です。最初の登録はネット上からでもできます。リクルートキャリア、パーソナルキャリア、ＪＡＣ、マイナビエージェントなどが大手ですが、業界・職種特化型の企業もあります。たとえば、宣伝会議のグループ会社、マスメディアンは名前のとおり、マスコミ、広告などのメディア企業特化型です。まずは二、三社登録してみましょう。

複数社に登録する理由は、各社によって、強い分野（弱い分野）があるのと、担当するカウンセラーの相性というものがあるからです。会社によって、カウンセリングや仕事を紹介する方針も違います。セカンド・オピニオン、サード・オピニオンも大切にするべきです。

登録の際には、ネット上で履歴書のようなものを入力しなくてはなりません。自分の個人情報から、学歴、取得している資格、これまでの担当した業務などです。率直に、面倒臭い作業ではありますす。入力項目は多岐にわたっていますし、資格欄などで書けることが少なく自信をなくすことだってあります。書いていて、しっくりこないなと思うこともあるでしょう。

でも、それでいいのです。この履歴書のフォームに入力するという行為自体が大切なのです。このプロセスを通じて、自分の経験の棚卸しをし、転職で求められる力を確認することができるのです。

登録の際に「転職を検討したい」「面談を希望する」などのチェックボックスがあるので、ここは「はい」にしておきましょう。単に登録するだけでなく、実際に面談を受けた方が、転職するということをリアルに感じることができるからです。

面談を受けるという行為、これこそがエア転職の最大の魅力です。これによって、自分の市場価値、課題などを知ることができるのです。面談時間は業務が終わった後の夜の時間に設定することが可能です。無理のないタイミング、会社が早く終わる日を選んでいきましょう。面談のための拠点はオフィス街の、アクセスのいい場所に設置されているので、会社の帰りに寄りやすくなっています。

面談では、自分の職場に関して満足している点、不満な点、今後のキャリアの不安などを包み隠さず話してみましょう。キャリアアドバイザーもプロなので、あなたにとって話しやすい雰囲気を作ってくれるものです。言いづらいこともどんどん引き出してくれるはずです。逆に言うならば、あなたがどれだけ隠し事をしようとも、思わずホンネが出てしまうという可能性もあるのです。これまでの仕事、職場について聞いてもらいつつ、頭の中を整理しましょう。

面談の前後に、職務経歴書を書くように言われることもあるでしょう。登録時に書いた履歴書のようなものよりも、詳細にこれまで取り組んだ仕事について書くことが求められます。

これを書き起こすことは、自分のことを知る上で、貴重な機会です。今まで、どんな仕事をしてきたのか、どのような成果を出したのか、どのような成長をしてきたのかを振り返ってみましょう。これを書き出し、フィードバックを受けることこそが、エア転職の価値です。

おそらく、どんなに文書作成能力が高い人でも、職務経歴書はきっと二、三回にわたりダメ出しをされることでしょう。単なる経験の羅列はダメです。具体的に書いたとしても、まだダメです。意味付けをしていかなくてはならないのです。しかも、業界・社内にだけ通用する言葉ではなく、他業界の人にとってわかりやすく書かなくてはなりません。なかなか大変なのですが、このプロセスを通じて、自分のこれまで取り組んできた仕事、強み・弱み、価値観などが明らかになるのです。

具体的に転職先の候補を出してもらうと、より自分の現状や、世の中の相場がわかります。いま、どの業界・企業に人が動いているのか、転職するとしたら、どれくらいの年収になり、どのポジションが約束されそうなのかなどが明らかになります。「そうか、メディアで話題のこの企業が人材をこんなに求めているのか」「メディアで叩かれている企業も、今は変革モードで外の人材を呼んでいるのか」などの現実にも気づくことができます。

人材紹介会社の場合、「非公開求人」というものがあります。求人サイトや新聞広告、自社のサイトには載らない求人です。「著名なキーマンが退職するので、その穴を埋めなくてはならない」「新規事業に参入しようとしていて、そのために人材を大量募集しようとしている」「M&Aを強化するので、その業務を担うことのできる人材を採用したい」など、他社に知られてはまずい求人なのです。これらは経営の機密に関わるので広告に載せるわけにはいきません。これらは人材紹介会社を通じて、極秘のうちに採用が進められます。中には、求人票の内容すらわざと曖昧になっていて、具体的な情報は、面接に行って初めてわかるということさえあるのです。

実際に求人を紹介してもらうことは、自分にとって有益です。「そうか、今、転職しても年収は下がるのか」「知名度の低い会社の求人しかないのか」「役職も思ったほど上がらないのか」などという現実です。求人の紹介を受けることは、張り手を受ける行為であるとも言えます。自分の現在の限界がわかるのです。

気をつけるべきポイントもあります。人材紹介会社にも悪知恵のようなものがあるのです。「こんな仕事しかないぞ」と脅して、希望する年収などを下げてもらった方が紹介しやすいからです。人材紹介会社は、人を紹介して、入社が決まったら紹介料が支払われるというビジネスモデルになっています。デキる人を高い値段で紹介すると、儲かるわけですが、高く売れない人の場合は、とにかく成約件数を増やさなくてはなりません。だから、条件を下げさせてでも、転職を成立させようとするわけです。

そこで人材紹介会社に登録するよりは安全な、三つめの取り組みについて考えてみます。まず友人・知人に相談してみることです。彼ら彼女たちの現在の勤務先はどのような状況なのか、どのような仕事をしているのか、可能なら給与水準や職場環境や待遇はどうなっているのかなどをやんわりと聞いてみましょう。もちろん、友人・知人と会うと愚痴や文句も多くなるわけですが。とはいえ、友人・知人がどう働いているかを知ると、自分の環境についての理解が深まります。

このエア転職活動で見えるものは何でしょうか。自分の市場価値のようなものはもちろんわかります。自分のキャリアというものを見つめ直すこともできます。

しかし、実はここで可視化されるのは、今の仕事や職場のリアルな姿とそのよさではないでしょうか。業界・企業の先行きには不透明感があったとしても、より不安な転職をするよりも、今の業界・企業をなんとかしようというマインドで働いた方がずっと得かもしれません。別に転職をしなくても異動だけで問題は解決するかもしれません。もちろん、これだと思う求人があるなら転職するのもよいのですが。

エア転職を通じて、自分の置かれている環境を一度客観視してみましょう。

11 「五年後」「一〇年後」を自分事として考えてみる

就活生が面接でよく聞かれる「定番質問」というものがあります。特に次の質問は、定番中の定番です。①自己PR②学生時代に力を入れたこと（学チカ）③志望動機④五年後、一〇年後どうなっていたいか⑤無茶ぶり質問（臨機応変に対応できるか、発想はユニークか、あるいは論理的に考えられるかを問うもの）⑥逆質問（学生からの質問）です。

二二歳の就活生なら、まだ明るい未来を描けるかもしれません。「その頃には海外勤務をしたい」「社内で新規事業に関わりたい」「同期トップで課長になりたい」など、夢のあること、成長意欲に満ち溢れたことを、少なくとも面接の席では言います。しかし、社会で働く私たちはこの質問に明るく答えることができるでしょうか？

ここでの問題は、夢を描けるかどうかではありません。より現実的に、近い将来のことを想像できるかどうかです。

未来には何があるかわかりません。戦争、天災など個人の力ではコントロール不能なこともあります。数年後、世界の地図も、国旗も変わっているかもしれません。

社会のさまざまなイノベーションについても今後、何が起こるのかはわかりません。ある年の楽天の入社式では、三《み》木《き》谷《たに》浩《ひろ》史《し》社長は「近い将来、ドローンが人を運ぶ時代が来る」と発言しました。最近、話題の技術といえば、ＡＩ（人工知能）や自動運転です。ＡＩが人間の仕事を奪い、そのＡＩを駆使した自動運転の仕組みで、人は時速一八〇キロで、五〇センチの車間距離で移動する時代が来ているかもしれません。

未来のことはわからないといいつつも、比較的予測しやすい指標があります。最も予測可能なのは、人口に関するものです。経済指標の中でも、人口はもっとも予測しやすいですし、経済に対する影響力も大きいのです。

思えば、田中康夫さんのデビュー作、一九八〇年の『なんとなく、クリスタル』を読んだ時に、なぜか最後のページに人口や出生率のデータが唐突に掲載されていて戸惑いました。その後、著者の田中康夫さんに直接お会いしてお聞きしたところによると、小説なのにも関わらず、この本にデータなどの注が多くなったのは、あとで読んだ人にその時の日本の状況がわかるようにしたかったからだそうです。八〇年代から少子化や人口減少の時代が来ることは予想されてはいたのですが、歯止めをかけることはできなかったのです。今後の人口減少について明らかなことは、労働力人口が、減っていくことです。少子化で子供が減り、逆にお年寄りが増えていきます。ということは、労働力人口が圧倒的に少なくなるのです。たとえば労働力人口の減少を中心に、自分のビジネスの展望について考えたり、職場環境を考えることができるでしょうか。

私は元エンタメ業界です。そこでの事例をご紹介します。最近、古いタイトルのリメイク版のアニメや特撮が多いのは、全人口の中でも数が多いロスジェネ世代や、その上の世代を狙って、彼らが子供時代に見ていたものを再びリリースしているからです。お子さんがいらっしゃる方は苦笑いしていると思いますが、最近の『仮面ライダー』は、変身ベルトに追加でパーツをつけないと変身をしたり、技を出したりすることができません。パーツをつけることによって、違うフォームに変化するという作品もあります。ベルトだけでなく、この変身パーツが年間に数十個も売り出されるのです。少子化が進んでいるがゆえに、このような追加のパーツで売上をたてようとしているのです。変身ベルトも人口減と関連しています。

ビジネスをする上では、いつも目の前のことにとらわれがちです。でも、五年後を考える機会は、自分が担当しているビジネスを考える上でも、キャリアを考える上でも、とても有益なことです。五年後の人口、及び構成から考えると、どんなビジネスチャンス（あるいはリスク）があるのかきちんと予測をたてておきましょう。

より具体的には、自分の担当している商品・サービスの市場が五年後、どう変化していそうなのか。自分が五年後、担当している仕事はどのように変化していそうなのかを考えてみましょう。もちろん、予想が付かない部分も多いことでしょう。ただ、各種調査機関が調べた各業界の未来予測や、業界内各社の社長が発表している方針案などを読み比べると、なんとなく方向性くらいはわかります。

逆に将来のことではなく、五年前、一〇年前のことをいったん振り返ってみましょう。社会、会社、自分はどう変化したでしょうか。立ち止まって振り返ってみると、変わったこと、変わっていないことが明確になります。同じような日々を送っていそうで、大きな仕事を経験していたり、会社でも競争のルールや、ビジネスモデルが変化していたりするものです。どんなふうに変化をしたのか具体的に整理しておくと、先を見る時にも参考になります。

とりあえず自分やまわりの人の年齢に五を足してみることをオススメします。プライベートなことを含め考えるとリアリティがでてきます。結婚して子供がいる人に関して言うならば、進学などのライフイベントがあるわけです。教育にかかる費用についても考えなくてはなりません。それ以上に意識するべきことは介護です。いまや、結婚するのも子供を授かるのも大変な時代ですが、結婚していようが、独身であろうが、ほぼ誰にでも介護はやってきます。これは年齢だけでは予測できないことではありますが、介護が始まった時にどうするかということを今のうちから考えておくべきでしょう。

このように、五年後にリアリティを持つことは、大人である私たちにこそ大事なことなのです。

12 誰をロールモデルにするか？

キャリアに関する議論の中でいつも話題になるのは「ロールモデル」の問題です。つまり、お手本になる人がまわりにいるかどうかということです。

特に女性のキャリアをめぐっては、この件がいつも話題になります。大学を卒業し、総合職で働き、結婚・出産・育児を経験し、家庭と両立しながら働き続ける女性が身近にいないということで悩むのです。最近はさすがに増えてきましたが。

もっとも、このロールモデルの問題は女性に限った話ではないと私は考えています。会社と社会は常に変化しています。企業においてもビジネスモデルが変わりますし、それにともなって営業や企画の考え方も常に変化していきます。価値観だって異なります。そんな中で身近な人を目標にすることができるでしょうか。

わかりやすく言うと、あなたが、二〇代前半の新入社員だとして、バブル期を謳歌した五〇代の先輩の話を、真に受けて、参考にできますか？　今の時代にともに働いている人で、参考になる人が身近にいるでしょうか。

私は、地方の中堅・中小企業の採用活動をお手伝いしているのですが、新卒を採用するのは実に久々という企業が数多く存在します。中には、二〇代の若手社員が入ってくるのは一〇年ぶりという企業すらあります。そもそも、身近な先輩の絶対数が少ない、いない状態なのです。

もっとも、毎年、新卒を採用している企業でも、先も説明した通り、社会情勢が激変していくので、先輩が存在するからと言って、かならずしもその人が「ロールモデル」になるとは限りません。

では、どうやってロールモデルを探せばいいのでしょう？　一つは、会社の中の人に限定しないということです。同じ企業の上司や先輩、仲間から「だけ」影響を受けても、彼らの劣化コピーにしかなりません。もし、参考にするのであれば、五年後、あるいは一〇年後に自分がどうなっているのかを、まわりの人で想像してみて、それがなりたい自分かどうか、考えてみましょう。

そして、取引先、高校・大学時代の先輩など、少し幅を広げて探してみましょう。そうすると、尊敬できる人がきっと一人くらいは見つかることでしょう。

可能な限り、リアルな場で接点がある人ならいいのですが、それ以外にもメディアを通じて存在を知ったビジネスパーソンをロールモデルにする手もあります。これは本や雑誌を読み漁ることで、出会う可能性が高いことでしょう。別に、ドラマやアニメ、小説や漫画のキャラクターでも構いません。さらに言うならば、ロールモデルは、別にビジネスパーソンでなくてもいいのです。ビジネスとはまったく別分野でも構いません。スポーツ選手やミュージシャンなどです。

余談ですが、私の少し上の世代だと弘兼憲史さんの『課長島耕作』（講談社）に登場した、主人公島耕作の上司、中沢部長をあげる人が多いです。彼はその後、取締役、社長と出世していき、のちに会長、相談役になります。大胆で豪快。部下をとことん信頼し、サポートします。不正などについては厳しく向き合います。派閥には属さずに、自分が正しいと思ったことを信じる生き方をします。

ロールモデルになりえる人というのは、年上の人だとは限りません。むしろ、年下の人に影響を受けることもあるわけです。天才と呼ばれる人には年齢は関係ありません。別に天才ではないとしても、年下の人は生まれ育った環境が違うわけで、価値観の違い、ものの見方などは参考になるものです。

個人的には、アジアで最も稼いでいる総合格闘技の選手、青木真也選手と、いま人気のバンド、UNISON SQUARE GARDENの田淵智也さんからは大変に影響を受けています。彼ら二人に共通しているのは、自分の仕事哲学がはっきりしていること、自分とは違う分野で活躍していること、私より若いことです。

いままで言ってきたこととは矛盾するようですが、もう一度、組織の中にいる人を観察してみましょう。自分にとって参考にならないと思っている人も、実は並々ならぬ努力をしていたりするものです。身近な人のいい部分はどこだろうという視点を持つことはとても大切なことです。

なお、自分の部署だけに絞ってみていると、見えない部分もあります。大企業、中堅企業などにおいては、まだまだ他部署に知らない人がいるわけです。会社の中にきっと面白い人はいるはずです。

このようにロールモデルは探せばいるものです。ロールモデルがいないと諦めず、探してみましょう。

13 ライバル、戦友こそ必要

ロールモデルも必要ですが、あなたによいライバルはいるでしょうか。

『週刊少年ジャンプ』のヒット漫画作りの方程式は、「友情・努力・勝利」です。そのあり方、温度感は作品、時代により変化しますが、この基本は今も昔も変わっていません。この方程式に必要なのが、主人公とそのライバルです。

なお、やや余談ではありますが、同誌は各作品とその作者である漫画家、関わっている編集者を徹底的に競争させることでも知られています。毎週、読者はがきを元に、人気ランキングの調査が行われます。そこでランキングが振るわない作品は連載の打ち切りが待っています。打ち切りには至らなくても人気がのび悩んでいる場合は、作者と編集者の間でどのようにテコ入れができるかについて話し合われます。「そろそろ、この脇役を消すべきではないか」とか「新しいライバルを登場させよう」「今までのライバルを倒して、新ライバルを誕生させたらどうか」などという、ファンとしては耳を疑ってしまうような、倫理観が問われるような会話がなされたりもします。このあたりは、ジャンプ編集部とそこでベストセラーを出すためにバトルを繰り返す漫画家を描いた漫画『バクマン。』（原作：大場つぐみ、作画：小畑健、集英社）と、その映画をご覧ください。実写版の映画は、主人公の二人組を神木隆之介、佐藤健が演じ、プロジェクション・マッピングなど最新の映像技術も駆使しており、楽しめます。ぜひ、チェックをしてください。

話を元に戻します。この『週刊少年ジャンプ』の漫画の方程式は「友情・努力・勝利」ですが、ここでいう「友情」はどのようなもので、どうやって生まれるのでしょうか。実は、これはライバルと闘い、争うことで生まれるのです。拳を交えるというプロセスを通じて、友情は深まり仲間となるのです。そして、仲間として新たな敵を相手に一緒に闘うのです。

二〇一〇年代の日本社会に少し前の『週刊少年ジャンプ』的な友情感を持ち込むことは偽善のようにも思えるかもしれませんが、まずはライバルがいることに感謝しましょう。友達よりもライバルの方が探しやすいですし、普通にビジネスをしていたらまわりはライバルだらけです。

例えば、営業の仕事をしていると、同じ取引先にアプローチしている競合他社はいくらでもいます。できることならその担当者を思い浮かべながら、その人と争っているということを意識して仕事をしましょう。もちろん、商品・サービスには各社で差があります。競合他社の方が圧倒的に優れていて、シェアも高いという場合もあるでしょう。条件の差はあっても、その中でどこまで顧客から支持を得ることができるのか、自分で比較しながらアプローチしてみましょう。果たして自分の提案は競合A社、B社それぞれの営業担当と比較して優れているのかどうか、顧客企業に入り込めているのかどうかを問い直すとよいです。

営業部にいると、他の営業マンとの争いはしょっちゅうです。年次に関係なく、社内の優秀な営業マンとも争っているのだということを、もっと楽しみましょう。もちろん、年齢や役職により担当するクライアントなど、任される仕事の範囲や責任の大きさは異なりますが、みなで競い合うことができるのが営業の仕事の醍醐味です。

新卒で入った企業なら同期入社の仲間たちがいます。彼らはまさに仲間であり、ライバルです。日本の大手企業においても、以前ほど転職が珍しくなくなりました。ただ、会社に残っていようと、外に出ようと、最初に入った会社の同期は、同期です。彼らと時に競い、時に助け合うことが会社で働く強みでもあり楽しみです。

このライバルがいるということを、もっと楽しみ尽くしましょう。

14 仕事にプロの迫力を

突然ですが、あなたは何のプロですか？　日本の企業社会はジェネラリストが中心なので、「あなたはプロなのか？」「あなたは何のプロなのか？」と問われると、多くの日本人は黙ってしまいます。

では「プロ」とはなんでしょう。プロに関するイメージは、自分の年齢とともに、そして社会の変化とともに変わっていきました。

私が一〇代だった八〇年代は、プロという言葉は、スポーツ、芸能などの分野で、その才能で食べている人に対して使っていたように思います。プロ野球選手、プロゴルファーなどです。「音楽で、プロになって生きていきたい」「漫画家でプロデビューを目指したい」などもそうですね。九〇年代に入り、私も二〇代になった頃、就職活動の時や、新社会人の頃に、社長などのスピーチで「プロを目指しなさい」などと言われたものです。

普段、生活をしていて、相手にプロを感じる瞬間はいくらでもあると思います。例えば、評判がよく実際美味しいレストランに行くと、そのスタッフにはプロを感じます。接客もいいし、味もいいし、ウェイター・ウェイトレスや、料理人による料理の説明も具体的で、自信に満ちています。

もう一つ例を挙げてみましょう。例えば家電量販店の販売員の応対にプロだなと感じることがあります。彼らの説明はいちいち専門的で、かつわかりやすいです。「一日〇本くらいしか録画しないのなら、このくらいの記憶容量のブルーレイレコーダーで十分ですよ」など、別に高いものを売りつけるわけではなく、買い手にあった提案をしてくれるのです。

このように、日常生活でプロを感じる瞬間はたしかにあります。ただ、ここであげた事例は、どちらかというと専門職のものです。元々、「プロ」という言葉を使う機会が多いスポーツや芸能の世界と似ているとも言えます。

普通の会社員は、特にジェネラリストにとっては、自分がプロかどうか判断がつきづらいものです。まず専門分野が何なのかわからないのです。エンジニアや経理、法務といったスペシャリスト寄りの仕事をしている人は、他の仕事よりわかりやすいと思います。ただ、これらの業務に就いている人も、実際に自分の実力はプロなのかどうかわかりにくいでしょう。しょせん、その会社のブランドのもと、その会社のやり方で仕事をしているだけにすぎないのではないかと悩んでしまうのです。

しかし、会社員は本来、プロであるはずです。価値を生み出し、顧客からその対価をもらい、結果として会社から給料という労働の対価を得ているからです。会社や社会に対して、責任を果たしています。その意味において、プロであることは間違いありません。

でも、特にジェネラリストにおいては、自分の仕事がどこからどこまでなのかが、明確ではないこともあり、プロだという自信を持てないのです。ゆえに不安になり、資格取得などに励んだり、より専門性の高い職業への異動や転職を試みたりもします。

私は自分がプロかどうかを自分で判断するよりも、他人に委ねてみたらどうかと思っています。大事なのは、相手が、つまり取引先や同僚が、自分のことをプロだと思ってくれるかどうかではないでしょうか。

もちろん、「自分はまだまだプロではない」と奮い立たせ、努力することは否定しません。ただ、まわりがプロだと思ってくれているかどうか、そこをまず、自分で査定してみてください。

そして相手が自分のどこにプロを感じるのかを考えてみましょう。自分が相手からどう見られているか、どう評価されているかを想像してみるのが手っ取り早いです。それは、相手が自分の何にお金を払っているのかを考える行為でもあります。

相手は、案外当たり前の部分を見ているのではないでしょうか。基礎的な仕事を進める力もそうですが、担当業務に関する知識、仕事の速さ、正確さ、誠実さなどです。実は相手は自分にとって当たり前のことにプロを感じているわけです。

それでも自信が持てない人は、相手の人がプロだと感じる、見せ場を意図的に創るといいでしょう。それは仕事における、さりげないことにおいてです。

例えば、私の場合は、打ち合わせの場で、相手が面白いと思えるアイデアをたくさん出したり、相手にとってタメになる、専門分野の雑談をすることを心がけています。ただ、これだけなのですが、相手は、この取り組みで私をプロだと認めてくれるのです。

ジェネラリストであることをマイナスに捉えず、相手があなたのどこにプロを感じるのか、しっかりと考えてみることは、仕事を見直すことでもあり、決して無駄ではありません。

15

自分の感覚が古くなっていることをちゃんと恐れること

「エラそうに新聞なんて読みやがって!!!」

二〇一三年九月一三日、こんなコピーの広告が朝日新聞の朝刊に掲載されました。全三〇段、見開き一面です。しかも、登場しているのは漫画『北斗の拳』（集英社）のザコキャラたちです。同作品の三〇周年記念広告なのです。同年の準朝日広告賞を受賞しています。

この広告、絶妙です。同作品の主人公はケンシロウであり、人気キャラクターと言えばラオウやシン、レイ、トキなどなのですが、あえてザコキャラです。実はこのザコキャラたちは、ネットの掲示板2ちゃんねる（現5ちゃんねる）などで大人気なのです。AA（アスキーアート）と呼ばれる、文字を活用した絵にキャラとしてよく描かれます。この広告で最も目立っていたのは、「汚物は消毒だ」男と呼ばれる人物です。サウザーというキャラの手下で、火炎放射器で庶民を焼き殺すという非道《ひど》い役なのですが、これが2ちゃんねるで大人気のキャラなのです。実はこの新聞広告は、ネットでの拡散、盛り上がりを期待したつくりになっているという点で絶妙なのです。

もう一つ、この広告が思い切っているなと感じるのは、全三〇段広告という大きな予算がかけられたものなのにも関わらず、『北斗の拳』という四〇歳以上の、しかも男性中心に響くキャラクターに振り切っている点です。いま新聞を熱心に読むのは四〇代以上だと想定されており、完全にそこをねらった広告なのです。『北斗の拳』は三〇代以下の人にとっては一部の人を除いて「知らない」作品なので、そこはまったくターゲットからは外しているのです。同様に『機動戦士ガンダム』シリーズの話も通じません。『スター・ウォーズ』シリーズに関しては、新たなファンは過去作品を知らず、どう予習していいのか戸惑っているようでした。

私のような四〇代の中年が思春期に体験したことは、若い世代にとっては昔話に他なりません。ただ、この「気づけば感覚が古くなっている」ということは別にいかにも中高年の四〇代以上の人に限った話ではないのです。二〇代でも、気づけば感覚が古くなっているということはいくらでもあります。大学で教員をしていて、学生たちの会話で面白いと感じるのは上級生の「今年の一年生は理解不能だ」という言葉です。この言葉を毎年のように聞きます。このように、人は毎年、年齢を重ねるわけであり、違う時代を生きてきた人が入ってくるわけで、自分の感覚はどんどん古くなってしまうのです。

私は以前、新卒採用のコンサルティングをしていましたが、その際に、若手の採用担当者には「自分は今の学生ほどは若くないと心得よ」という指導をよく行っていました。今日より若い日はないのも事実ですが、一方で後輩たちよりも若いわけがないのです。自分の感覚は既に、常に、古くなっていることに気づくべきなのです。言い換えれば、自分の思考や感覚が絶対的なものであると、過信しないでほしいのです。

四〇代になって自分は若いのだと装うのは痛いです。普段の雑談で、若者風を装うためにサブカル話などをするのは要注意です。実はそれ自体が、おっさん、おばさんの証明になってしまっているのです。

以前、トヨタの管理職から聞いた話が実に印象的でした。トヨタの上司は部下とのコミュニケーションを大事にします。職場で「最近、どうだ」と声をかけますし、部下の表情が曇っていないかも観察します。面談の時間もしっかりとります。

さらには、部下、後輩の趣味を把握しようとします。バンドをやっているという部下がいたら、その音源を聴かせてもらうといいます。そこまで努力して、若手社員のことを理解しようとしているのです。

他にも、部下や後輩が観ていそうなドラマはひたすらチェックするというのも地味なようで、大事な努力です。ある地方銀行の管理職は、中高年の女性一般職との会話のネタ作りのために、朝の連続ドラマなど、部下が観ていそうなドラマを録画して観るという話をしていました。好き、嫌いなどを別として、観るのです。

他にも、部下、後輩を理解するためにおすすめの方法があります。それは、彼らの年表を振り返るのです。部下、後輩の生まれた年を調べ、時系列にしたがって振り返り、どのような世界を見てきたか、つまり、何歳の時にどのような社会的事件を経験したか、どんな流行を通過しているかを調べるのです。これは新卒採用の戦略を立てる時によく行われることです。

「最近の若者は……」という理不尽な評価の連鎖は続いています。気づけば自分が加害者になっていませんか。いや、感覚が古いことで見下され、被害者になっているかもしれません。自分たちはもう若くないことをいったん受け入れて、他の世代、特に若い世代を理解することを意識したいところです。

16 自分より若い社員をバカにしない

私は春が苦手です。もちろん、新年、新年度を迎え気持ちが新たになるのはうれしいことです。ただ、一月から四月にかけての一連のイベントが、若者をバカにしているような感じがして嫌なのです。成人式、就活解禁、卒業式、入学式、入社式など若者に関連するイベントが多い時期です。これに合わせて、若者関連のデータが発表されたり、経営者などが若者を叱咤激励するような（でも、実は自分が目立ちたいだけのような）メッセージを発信します。

例えば、日本生産性本部が行っている「今年の新入社員は○○型」という調査が苦手です。二〇一七年度の新人は「キャラクター捕獲ゲーム型」でした。リリース文によると、定義はこうです。

キャラクター（就職先）は数多くあり、比較的容易に捕獲（内定）出来たようだ。一方で、レアキャラ（優良企業）を捕まえるのはやはり難しい。すばやく（採用活動の前倒し）捕獲するためにはネット・SNSを駆使して情報収集し、スマホを片手に東奔西走しなければならない。必死になりすぎてうっかり危険地帯（ブラック企業）に入らぬように注意が必要だ。はじめは熱中して取り組むが、飽きやすい傾向も（早期離職）。モチベーションを維持するためにも新しいイベントを準備して、飽きさせぬような注意が必要（やりがい、目標の提供）。

毎年、この調査は「言い得て妙だな」と思う一方で、「言っていること、毎年一緒じゃないか」と感じてしまいます。実際、私は『普通に働け』（イースト・プレス）という本を書いた時に、同調査を数十年分読み返してみました。言っていることは、ほぼ一緒です。新人の無限の可能性と、ナイーブな側面を捉えた話になっています。それに、その時代に流行ったものの名前を付けただけです。

同様に首を傾げてしまうのは、産業能率大学が行っている新入社員に聞いた「理想の上司」調査です。まだ働き始めていない若者に聞いても、リアリティがないのではないでしょうか。やはり、その年に流行っているドラマの俳優・女優、その年に活躍したスポーツ選手だらけです。

極めつけは、大手企業の入社式の社長の訓示です。これもよくメディアで取り上げられるので、目にした人も多いことでしょう。「グローバルに活躍しろ」「会社人間になるな」「イノベーションを起こせ」などと意識の高いことを連呼します。「会社人間はいらない」「勝手に育ってほしい」というニュアンスの訓示に、私には見えます。もちろん、経済環境の変化、組織に育てる余裕がないこと、仕事の中身が変化しているなどの要因もあるのですが、入社式を迎えたばかりの若者に何でも丸投げというのはどうなのでしょうか。

会社員関連ではないですが、新聞の「成人式社説」も苦手です。成人式に合わせて、若者を分析したり、叱咤激励するのですが、若者に対して失礼じゃないかと思うほど、上から目線であり、分析もズレています。若者の新聞離れが指摘されていますが、いくら新聞を読むようにと説教をしても彼らが本当に新聞を必要としない限り、その説教は彼らには届きません。中高年の読者にむけて「ちゃんと言ってやったぞ」とアピールしているかのようにも見えます。

決して新入社員をバカにしてはいけません。たとえ自分が若手社員であったとしても、です。彼らは大変な時代を生きています。生まれてからずっと、経済環境が厳しい時代を生きて来たのです。求人倍率は回復傾向とはいえ、厳しい就活を乗り越えて入社してくる彼ら彼女たちは、極めて真面目なのです。現役社員たちは、彼ら、彼女たちがガッカリしないような、尊敬できる先輩たちなのでしょうか。新入社員は想像している以上に、賢いし、強いのです。だから、我々は新入社員をバカにしたり、見下してはいけないのです。

とはいえ、新入社員には、至らない部分が多々あります。無理もありません。最近まで学生だったのですから。仕事に関することにしろ、マナーに関することにしろ「できない」のではなく、「わからない」「知らない」のです。ここは丁寧に育てたいところです。上司力、先輩力を磨かなくてはならないのです。

勘違いしてほしくないのは、別に新入社員に優しく接し、媚びる先輩がいい先輩だとは限らないということです。それは単に甘やかしているだけで、そのうちなめられます。だからと言って、厳しくすることを目的化してもよくありません。新入社員に丁寧に接して、育てることを期待したいところです。

何よりも期待したいのは、新入社員のことを理解しようと努めること、さらにはしっかりと会話することです。まず、話しかける勇気を持つべきです。例えば、私がリクルートの新人だった頃は、上司や先輩は、違う部署だろうと必ずトイレで声をかけてくれました。「最近、頑張っているみたいだな」「あの商談、マネジャー会議で話題になっていたぞ」という具合にです。また、新入社員は空《から》元気で「頑張ります！」「やります！」などと言うことがあります。その決意表明を受け取りつつも、ちゃんとやっているか、できているか見守るべきなのです。よくよく見ると、やり方がわからず苦労していたり、空回りして疲れていることなどもあるからです。

格好つけず、自分の苦労話を語る勇気を持つべきです。上司や先輩に対して「すごい」と思い、萎縮してしまう若者もいるからです。中には雑用のような仕事に喜びを見いだせない人もいることでしょう。下積みの意味をちゃんと説明するべきです。

人が人を育てる連鎖で会社と社会は動いています。育てることをサボってはいけないのです。

17 あなたは同窓会に行けますか？

私は同窓会によく参加する方です。中学、高校、大学、最初に勤務した会社など、さまざまなつながりの同窓会によく参加しています。中学と、大学の語学クラスとゼミは私が幹事だったりします。

いきなりいやらしい話ですが、私は「同窓会に参加できる人間」だという言い方もできます。同窓会に参加できる人は、一回七〇〇〇円の会費を払える人だということです。

二次会のお金や、地方で開催した際の交通費を考えると、より支出はかかります。これだけの費用を払える人か、払うだけの価値を感じている人だといえます。

さらに、同窓会に参加するだけの自信がある人だとも言えます。つまり、ここで以前の友人に会っても今の仕事のことや、プライベートのことを含めて、胸を張って自己紹介できる人なのです。

この場では「名刺ジャンケン」のようなものが始まります。厳密には、ジャンケンをしているわけではありません。ただ、まるでジャンケンを彷彿とさせるような展開なのです。「いま、ここにいるんだ」「名刺が変わったんだ」などと言ったあとに、名刺交換をし、現在の仕事を確認し合います。ここでの社名や、役職名があたかもジャンケンであるかのような展開になります。要するに、大手企業、有名企業に勤めているかどうか、役職が高いかどうかなどを争うのです。

東洋経済新報社の『会社四季報』や、各種ビジネス誌の「お給料特集」などを読むと、社名、年次、役職がわかればなんとなくの年収は想像できます。これもまた、コンプレックスに火をつけるものです。

もっとも、これが五〇歳をすぎると、関連会社出向・転籍や、役職定年による事実上の降格のようなものもありえます。その際は傷を舐め合うような展開になります。

そもそも論で言うならば、同窓会にやってくる時点で、その学校や会社において、それなりにいい思い出がある人です。愛校心、愛社精神がある人です。当たり前のようで、これは大きな違いです。

世の中には、自分が所属していた学校や会社のことをひた隠しにしたい人もいるものなのです。結婚式などで絶対に学校や会社のことを明かしたくない人がいるわけです。これは新郎新婦に限らず、友人代表たちもそうです。若い頃はよく、結婚式や二次会の司会をしたものですが、参加者に「どのように紹介したらよいのか」と聞いて、嫌な顔をされたことは一度や二度ではありません。要するに、自分のプロフィールに自信がないがゆえに、詳細を明かしたくないのです。

学歴、勤務先、年収……。さらには、容姿や体型を維持しているかどうか。コンプレックスが凝縮されているのが同窓会なのです。このようなコンプレックスをいかに乗り越えるべきでしょうか。一緒に考えてみましょう。

18 学歴コンプレックスは妄想か

「日大か。厳しいな」

ある大手総合商社の面接で、日大生にぶつけられた一言です。面接官はあえて、挑発することで彼の本音を知りたかったのかもしれません。総合商社は旧帝大、早慶だらけと思われていますが、日大からの内定者がいないわけではありません。とはいえ、彼が「やはり学歴か」と思ってしまったのは言うまでもありません。

「学歴ロンダリング」という言葉があります。自分の出身大学よりも、有名な大学の大学院を出て学歴を浄化しようという取り組みです。大学院の入試は小論文、面接などで決まるものもあり、対策をしっかりすると入りやすいのです。だから、以前、通っていた大学よりも偏差値が高い学校の大学院に進学するのは可能です。よりレベルの高い大学院に進み、優れた研究者になった方もいますが、中には最終学歴を浄化したいがために、大学院に進学する人もいるわけです。

また有名大学を卒業していることに誇りを持っているのにも関わらず、納得のいく企業に就職したり、仕事に就くことができず、悶々としている人もいることでしょう。

「学歴」に関する話は、ネットニュースにおいてもPVがのびるテーマです。時に炎上します。大学別卒業生の平均年収ランキング、企業別大学別の採用実績などから、大学の人気ランキング記事、さらには今時の大学や大学生の変化なども話題となります。「限界大学」「下流大学」「底辺大学」「Fランク大学」「マージナル大学」などと呼ばれる大学における学生たちの劣化っぷりなども話題になります。これらの大学でｂｅ動詞など、中学校で習うような内容から学び直している実態、講義が成立しない様子などが揶揄されます。

自分の学歴について、強く認識するのは新卒時の就職活動の際でしょう。新卒採用では学歴の差別・区別が横行しています。「学歴フィルター」という言葉を聞いたことがある方も多いことでしょう。採用ターゲットとされない大学は、受けたい企業の会社説明会の情報が手に入らないだけでなく、会社説明会の予約すら取れないのです。せっかくエントリーシートを書いても、読まれずに捨てられることだってあります。

それでも、学校名不問の採用を行なっている企業もあり、あまり有名ではない大学でもなんとか滑り込むことができます。もっとも、いざ入社するとなるとまわりの人の大学名に圧倒されて萎縮してしまったりもします。思えば採用担当者をしていた時代も「まわりの人に圧倒されてしまう」という相談を内定者からよく受けたものです。

あまり有名ではない大学から有名企業に滑り込むためには、学生たちは涙ぐましい努力をしています。適性検査の成績で足切りされないように、何度も問題集をこなしたり、予約のとれない会社説明会に入り込むために飛び込みで行って並ぶなど、身体をはって取り組んでいます。

このように、学歴の差を肌で感じるのは、社会人というよりもむしろ、就活に臨む学生たちです。ただ、学歴は社会人になってからもついてまわります。社内外で、出身大学が話題になることもあるでしょう。自分が仕事で認められないのは出身大学のせいではないかと悩んでしまうことさえあるかもしれません。

ただ、こればっかりは悩んでいても仕方がありません。自分で納得するか、何か具体的に対策をするか、です。

学歴コンプレックスに決着をつけるために、基礎から学びなおし、大学院に入り直す人もいます（学歴ロンダリングなどと揶揄されるのは先に書いた通りですが）。また、読書や勉強会などに積極的に取り組み、「よく勉強している人」「教養のある人」だと認めてもらうという手もあります。

ただ、学歴コンプレックスは本当に悩むほどのことなのでしょうか。ここで悩んだり、対策を考えることは正直なところ、マイナスにはなっても、よいリターンにはならないものです。このコンプレックスから解き放たれるためにも、まずは目の前の仕事に取り組み、成果を出したほうが早いのです。

むしろ気をつけてほしいのは、あなたのまわりの人にあなたが学歴コンプレックスを抱えていることが伝わることです。伝わってしまうと、あなたのイメージは劇的に下がってしまいます。自分がのび悩んでいることを学歴のせいにしているとか、学歴があまり高くないことが仕事の原点にあると感じさせてしまうとか、あらぬ誤解を与え兼ねません。

さらに気をつけないといけないことは、自分自身が「学歴にコンプレックスを感じている」としても、それは相対的なものにすぎないということです。自分が東大に行けず滑り止めで入った慶応にコンプレックスを抱いていたとしても、相対的にはその慶応どころか、誰でも知っている名前の大学に入れずコンプレックスを抱いている方もいます。

そもそも、現在の三〇代後半以降の方はまだ大学進学率が高くなかった時代を生きています。同世代には最終学歴が大学ではない人も多勢います。あなたのコンプレックスが、他の人を嫌な気分にさせるということも意識してください。気づけば、感じの悪い人になっていないか、と。

もちろん、学歴に関しては単に本人の実力だけでは決まらない部分もあります。まさに親の収入の問題です。東京や関西の有名大学に行くだけの学力を持っていながらも、仕送りをしてもらうことができず地元の大学に行かざるをえなかった人だっているわけです。

学歴については、いまさら言っても仕方がないことです。さて、あなたはいつまで悩んでいるのでしょう。悩んでいても始まりませんよ。学歴に関する悩みは妄想です。

19 出世コンプレックスの乗り越え方

ビジネスパーソンのコンプレックスの一つが、出世コンプレックスではないでしょうか。この出世コンプレックスは大きく二種類に分けられると思います。社外の友人・知人に対するものと、社内のものです。これを切り分けて考えるだけでだいぶ頭の中はすっきりするでしょう。実はこれを混同すると、ぼんやりとした悩みが連鎖することになります。

前者の社外の人に対する出世コンプレックスは悩んでもしょうがないことだと考えます。なんせ、出世のルールが違うのです。企業規模も違えば、昇進・昇格のルールも違います。これは、強さに興味を持った少年が、ボクシング、空手、柔道はどれが強いのかと論じることや、一〇代の女子たちの鉄板のネタである男女間の友情は成立するのか同様、ついつい気になることは間違いないものの、不毛な話なのです。

特にベンチャー企業などは、信用度を高めるために、役職をばらまくのです。友人がベンチャーに転職して、若いのに「シニアマネジャー」なる役職を得た際は、衝撃を受けました。二〇代半ばのことでした。当時の私は、大企業を辞めてベンチャーに転職したという事実だけでも衝撃を受けたものです。もっとも、のちに企業規模も大きいわけではなく、お飾りの役職だったことがわかり、やや冷静になれましたが。

四〇代になると、大手企業、上場企業の場合は日経の人事情報欄に部長・次長以上になった人の名前が載ります。取引先の人事情報を知るために見ている方も多いことでしょう。銀座のママもチェックしていると言われるあの欄です。そこで友人・知人の出世を知って驚くことがあるでしょう。ベンチャー企業の「なんちゃって役職」に比べると、大企業での出世はさすがに凄いのではないかと、刺激を受けたり、コンプレックスを感じる人もいるでしょう。

でも、やはりここも冷静になりたいところです。出世のルールは各社によって異なります。部長になったとしても、そこに至るまでの時間は企業によって異なります。部長になるまでに相当時間がかかっている可能性だってあります。何より、あなたは、その人の仕事ぶりを見たわけではありません。出世はラッキー・パンチだったり、上司たちが引き上げてくれたからかもしれません。その場合、出世した後にむしろ立場が不安定になる可能性だってあります。

このように、社外の友人・知人の出世に関しては、その活躍ぶりに刺激を受けるのは結構ですが、そこに振り回されてはいけません。隣の芝生は青く見える。それだけのことです。


次に社内にいる他人の出世について考えてみましょう。結論から言うならば、係長までの出世は焦りを感じた方がいいですが、それ以降は焦る必要もないのではないですかと言いたいです。

前提として、世の中には出世のルールが明確な企業と、そうではない企業があります。普段、お会いしている出版社（しかも、小学館、講談社、集英社、ＫＡＤＯＫＡＷＡなどの大手ではない会社）などは後者です。出版社は一部の大手を除くと、中堅・中小企業だらけなのです。担当編集者に久々に会うと、「名刺が変わりました」と言って、そこで副編集長になったことを知るのです。期中の五月です。「ウチの人事は適当なので」と言われ、お祝いしていいのかどうか、戸惑ってしまいました。

もし、勤務先の人事制度が整っていて、昇進・昇格のルールが明確な場合、まずはその仕組みと、入社何年目でどのくらいのポジションになっているものなのかを調べてみることをオススメします。勤続年数が○年以上、その役職の際の平均査定が○点というようなルールや基準を人事部に確認してみましょう。この出世のルールを知らないままだと漠然と不安になったり、人の出世が気になって仕方ない連鎖になってしまいます。

会社員の出世の場合、係長までは本人の実力次第です。努力と勤続年数でなんとかなるものです。キャリアの初期段階では、査定に一喜一憂することも大事です。会社から降りてきた目標をがむしゃらにこなしていきましょう。

もちろん、同期で先に出世する人もいますが、係長になる平均年齢までは別に焦っても仕方ありません。評価のルールが決まっていても、部署や評価者によるブレはあるものです。とはいえ、人事制度が整っている企業であれば、係長までの出世は、自分次第です。

問題は、課長以上の出世です。昭和の時代においては、課長は（やや語弊がありますが）男性の正社員ならば半分以上はなれるものでした。まさに年功序列の世界ですね。ただ、現在ではそもそもの管理職のポストの見直し、組織のフラット化、査定のシビア化などもあり、誰でも課長以上になれるわけがありません。以前は部長以上になるのは運だと言われていたのが、これが課長にまでおりてきたということです。これはたしかに、評価もさることながら、運にも左右されるものだと思ってください。

もちろん、友人・知人、同期が課長になると焦ったり、羨ましく思ったりもします。ただ、努力だけでもどうしようもない世界であるということも理解しておきましょう。

ここでそもそも論を問いかけたいと思います。「あなたは出世したいですか?」という根本的な問題です。出世により手に入れたいものは何でしょうか。出世をすることはよいことなのでしょうか? このあたりの根本を考えていただきたいのです。

出世をすることにはデメリットもあります。部下のミスや不祥事の責任を取らなくてはならない場合もあります。自分を引き上げてくれた役員、部長など上司の失脚により、会社に居づらくなることさえあります。出世すると、どんどん孤独になります。いわれのないことで批判されたりもします。当然ではありますが、コンプライアンスにも気を使わなくてはなりません。多様な人材をマネジメントし、成果を出さなくてはならないので、管理職の負荷はどんどん上がっています。

もし、お金がほしいために出世したいのなら、職種によっては管理職にならなくても、高い給料を手にすることができます。営業やSEなどの仕事は特にそうです。成果対応で大きな利益を手にすることが可能です。さらには、別に本業で稼がなくても、副業や投資、節約でお金を手にすることだってできます。

名誉を手に入れたいために出世したいという気持ちもわからなくはありません。ただ、出世したところで、今度はその先の出世という競争が待っています。

やや優等生な答えではありますが、健全な、理想の出世とは、そのポジションでしかできないことをやるために出世すること、さらにはあなたの出世を誰もが待ち望んでいることではないでしょうか。つまり、より責任のあるポジションで大きなことをしてみたい、何かを変革するためには今のポジションでは駄目なので、上に上がりたい。上司だけでなく、部下や取引先もそれを望んでいる。出世した瞬間、誰もが喜んでくれる。みなさんも、一度くらいは、上司や先輩、あるいは取引先の方の出世で大喜びしたことがあるはずです。あなたが出世した際に、まわりはこのように喜んでくれるでしょうか。

今、注目されているのは、このように上り続けるキャリアではなく、ずっと中空飛行を続ける錆びないキャリアです。寿命ものび、年金も先行きが怪しくなり、貯蓄額も格差がある中、ずっと働きつづけることが注目されています。別に出世を極めるわけではなく、中空飛行で続けることこそ、長く生き残るためのコツだと言えます。上へ、上へ、前へ前へという考え方を改めてみませんか。

なぜ、出世したいのか、出世とはそんなに素晴らしいものなのか。今一度、立ち止まって考えてみてください。

20 勤務先コンプレックス

出世コンプレックスと近いのですが、「勤務先コンプレックス」というものもあります。ここでは、「やりたいことができない」という話ではなく、「自己紹介の際に、今の職場について堂々と話せない」という例に絞って話をします。例えば、「IT関連の営業の仕事をしており、この仕事自体は嫌いではないが、社名が知られていなくてつらい」「出版社で編集者をしているが、著者のウケがよくない」「とにかく大手企業、有名企業、優良企業と言われるところで働いてみたい」というような悩みです。

わかりやすく言うと、人に自己紹介した際に誰もが知っている会社に勤めたいという話です。さらに下世話な話をするならば、合コンなどで自己紹介した際に、相手のテンションが上がる社名とも言えます。将来、経営者などになった際に、「あの名門企業出身か」と言われたいという欲求もあることでしょう。

気持ちはわかります。このような悩みを抱えている人と会って相談にのるたび「とはいえ、常見さんはリクルートにバンダイと、みんながうらやましがる大手企業出身でしょ」と言われます。

たしかに大手企業にはいい部分がたくさんあるのです。私自身、大手二社、しかも業界トップ企業に勤務できたことは大変に貴重な体験でした。業界トップ企業でしかできないことというものがあります。業界全体や、日本と世界のこれからを考えつつ仕事をすることができます。社内に優秀な人がたくさんいます。任される仕事も大きいです。給料も多いです。研修や福利厚生も充実しています。持ち株制度などで一儲けできるかもしれません。大手企業は部署や職種が多数あるので、異動を通じて、よりやりたいことに近づいたりできますし、人間関係もリセットしやすいです。

もっとも、大手ならではの悩みもあります。私自身の悩みでもありましたし、大手企業社員への取材から見えてきたことですが、大きな組織にはある種の閉塞感が必ずあります。社内の過酷な競争にエンドレスでさらされます。大手企業だから仕事ができているのではないかと、自分の実力に自信が持てないこともあります。大きな企業なりの、さまざまな縛りもあるものです。

特に、優良企業と言われる会社こそ疑ってみましょう。その企業が優良企業だと言われる根拠はどこにあるのでしょう。仮にそれがトップのリーダーシップによるものだと注意が必要です。要するにハードマネジメントが行われているということです。

もし、勤務先に自信が持てないなら、思い切って転職を考えてみましょう。「エア転職をしてみる」に書いたように、とりあえず数社、人材紹介会社や、転職求人サイトに登録してみるといいでしょう。以前と異なり、ある程度年齢がいっていても、大手に転職できる時代にはなりました。ただ、その時に、会社を辞め移ることのメリットを十分に考えてみましょう。案外、現在の場所が、最高の場所かもしれませんよ。置かれたところで咲くという選択肢も考えてみましょう。

Column

私はどのようにコンプレックスを乗り越えてきたか

自分語りになりますが、私はどのようにコンプレックスを乗り越えてきたかという話をすることにします。もっとも、私自身、このことを書くのにやや躊躇しています。自分自身、コンプレックスを乗り越えられたかどうかという疑問だからです。とはいえ、コンプレックスやハンデのようなものに向き合って生きてきたのは事実ではあります。

今では饒舌な私ですが、幼少期は幼稚園に通い始める時期が遅く（一年保育です）、まわりの人と話すことに苦労しました。いわゆる「コミュ障」と呼ばれるものです。近所にも同学年の人が少なく、人とのコミュニケーションに苦労した方です。

幼い頃から父が病気をしており、小学校五年で亡くなり、母子家庭になりました。母は一生懸命働き、はっきり言って裕福だと言ってもいいレベルで育ちましたが、それなりに差別、偏見のようなものを感じたこともあります。

高校、大学と第一志望の学校に進んだのですが、賢い人、視点が高い人がまわりにおり、圧倒される日々でした。大学に関しては第一志望で進学したわけではない人が何割かおり、自分にとって夢のような選択が、この人たちにとっては違うんだということに衝撃を受けたものです。名門ゼミに進んだのですが、明らかに最低レベルの劣等生でした。

会社に入ってからも、高い業績を収めたわけではなく、出世街道を突き進む人たちに引け目を感じていたものです。中途入社した会社では完全に外様扱いされました。

著者デビューしてからも、圧倒的に能力が高く、売れている人たちが同世代におり、自分が生き残っていることは日々、奇跡だと感じています。メディアで著名な方とご一緒するたびに、圧倒されたりもしました。いくつかのスマッシュヒットにも恵まれましたが、まだまだです。なんせ、自分が理想とする文章や、発する言葉にはまだ辿りつけていません。大学院に入り直し、大学の教員になることはできましたが、教育者としても研究者としても、まだまだだと思っています。業績らしいものはありません。

というわけで、自分自身の能力の低さと中途半端感、ありたい自分とのギャップに私自身も時に悩むことがあります。ただ、なんとか気持ちよく生きていられるのは、その中途半端感を受け入れることにしたからでしょうか。これはこれでよく言うとハイブリッドなのだと。自分にも仕事をくれる人、私を待ってくれている人がいるのだと思った次第です。

人生は負けたり勝ったりです。何かを成し遂げた瞬間に、この上ない快楽と同時に、絶望が待っていたりもします。ただ、それでも打席に立ち続ける私の姿や、何より私の書くものに救われている人がいることも知りました。私もまだまだ自分のことをどこかで好きになりきれていないかもしれません。でも、コンプレックスを抱えたままでも意味がないのです。

若いうちは優劣かどうかで一喜一憂することも大事ですが、自分自身を受け入れること、弱みを強みに変換することも大事なのではないでしょうか。コンプレックスを乗り越えること、なかったことにすること、スルーすること。これが前向きに生きるヒントです。すべての経験は宝物なのです。漠然と悩むのではなく、それを強み、特徴にする方法を考えましょう。

21 やる気という魔物と付き合う

「常見先生、私の勤務先がメディアでブラック企業と叩かれていて辛い思いをしています。本当は、やりがいがあって楽しいんですよ」

昔の教え子からこのような相談を受けたことがありました。彼女の勤務先はメディアでブラック企業だと叩かれていた企業でした。しかし、彼女にとっては、そこは素晴らしい職場だと言うのです。ブラック企業批判をしている私に、もっと現実を知ってほしいと訴えかけてきたのでした。その企業の経営陣や人事担当者が、私の教え子だと知って送り込もうとした、「刺客」だったのかもしれませんが。タイミングが合わず、会うことはできなかったのですが、彼女は今も元気に働いているのでしょうか。

ブラック企業をめぐる議論をする際によく出てくる反論のパターンがあります。一つは、叩かれている企業の業績がよく優良企業だと言われており、ここを叩くのはおかしい、この企業には優れた経営者がいるのだからブラック企業のはずがないなど、企業の業績や経営者の優秀さを論拠にしたパターンです。他にも一部の店舗の従業員が文句を言って問題になっただけで、全体ではやる気に満ちた素晴らしい職場になっているという、「特例を取り上げてブラック企業だと叩くな」というパターンがあります。さらに、これらの企業は全国にたくさんの雇用を生み出していて、そもそも今の日本でブラックではない職場など探すのは無理だと反論するパターンもあります。

ブラック企業問題に立ち向かう者としては、それぞれに反論したい点があります。ただ、この問題を解決するためにも、まずはこのように考える人がいるのだという事実に向き合わなくてはなりません。

問題の本質というのは、長時間労働や、過酷なミッションなどを任せて労働者を使い潰していないかどうか、違法な労働行為をさせていないかどうかが争点であり、企業や経営者が優れているかどうか、やりがいがあるかどうか、雇用を生み出しているかどうか、という点にすり替えるべきではありません。しかし、ブラック企業と叩かれている企業にやりがいを感じてしまう者がいるということも、また事実なのです。

この「やりがい」というものは、ブラック企業問題を論じる上でも、そもそもの日本の労働全体を論じる上でも、大事な論点となります。ブラック企業はこの「やりがい」というものを巧みに利用しているのです。実際、ブラック企業の新卒向け会社説明会やホームページ、パンフレットは、いちいち感動的かつ読んでいると元気が出るものをつくっています。社長にカリスマ性があり人のモチベーションを向上させています。現場でもやる気が出るように管理職が従業員に声をかけるやり方などがノウハウとして共有されています。また社内には元気の出るポエムが貼りだされていたり、表彰制度などがあったりして、やる気が湧いてくるつくりになっているのです。特に、飲食などサービス業に顕著なのは、お客さんの感謝、笑顔をやたらと強調することです。

もともと日本人は、勤勉でやる気に満ちていると言われています。科学的根拠からみるとやや謎ではありますが、とはいえ、従業員のやる気があるがゆえに長時間労働の抑制が進まないなどは、企業の経営陣や人事が悩むポイントです。

しかし、人間には体力の限界があるのです。優良企業だ、名経営者だ、やる気だという点は立派に聞こえるものの、このやる気という魔物に人間が殺されては本末転倒なのです。やる気に殺されないためにも、仕事をする上では冷静さが必要です。

その会社に労働組合があれば、従業員に冷静になるように促す必要があるでしょう。やる気よりも、快適な労働環境と納得のいく賃金が必要なのです。

22 「頑張りすぎないこと」を頑張るという考え方

「それは、私に期待されていたことじゃなかったんだ」

これまでのキャリアにおいて、何度かそんなことに気づき、呆然としたことがあります。営業時代、それこそ、本来はお客さんがやるべき仕事を代行していたこともありました。「よかれ」と思って取り組んだことでしたが、あとで気づいたように、顧客は私にまったくその仕事を期待していませんでした。期待されていたことは、あくまで本業で成果を出すことだったのです。

日本においては、何でも一生懸命取り組むことが美談とされます。確かに、特にキャリアの初期段階においては、処理速度を上げるためにも、時間管理に慣れるためにも、雑務も含め、何でも取り組むことはいいことだとも言えます。それこそ、締め日に向けて自分の業務も大変に忙しい中、課の宴会の準備をしたことは、大変きつく、これは私の仕事なのかと思ったこともありました。とはいえ時間管理や、みんなが満足するために企画上で何に気をつけるかなど、ツボを理解することにつながりました。

ただ、「これは自分の仕事だろうか?」と疑問をもつレベルまで仕事の範囲を超え続けると、おかしなことになってしまいます。それにより疲れて倒れると、顧客や、職場の同僚に迷惑をかけることにもなります。期待されている仕事の範囲や、レベルは意識したいところです。

我が国の総労働時間は、時短への取り組みもあり減少傾向ではあるものの、サービス残業が存在していること、長時間労働者の割合が大きいことはデータからも明らかです。もちろん、企業は働き過ぎを抑制するために、ノー残業デーや有給取得の推進なども行っています。ただ、正社員に課される仕事の内容や成果に対してますます期待値が上がっている中で、時間内に仕事を終わらせることは単なる労働強化につながっているのでは、という声もあります。ノー残業デーに会社の宴会や、接待が入るということもあるのです。それは業務なのではないかと思ってしまいます。

サービス残業が増える理由はこれだけではありません。実はあなた自身が原因でもあるのです。つまり、「もっといい仕事をしたい」、そう思ってしまうことなのです。

トリンプ・インターナショナル・ジャパンでの残業ゼロの取り組みは有名ですが、これを導入した当初、当時の社長だった吉越浩一郎《よしこしこういちろう》氏は、一八時になるとオフィスの電気を自ら回って消したと言われています。オフィスでは悲鳴が上がったそうです。「一生懸命仕事をしようとしているのに、なぜ」と。このように、長時間労働はプロフェッショナリズムとも関係しているのです。

ただ、そろそろ、個人レベルでも会社レベルでも「やらないことを決める」「頑張り過ぎないことを決める」勇気が必要な時期ではないでしょうか。仕事で倒れたことが何度かありますが、その時も職場は動いていました。上司・同僚に迷惑をかけてしまいましたが、逆に言うと、職場とはそんなものなのです。自分に期待されていることは案外少ないのです。何でもかんでもやるというのではなく、期待されていることに力を入れることによってアウトプットの価値を高めるという発想はできないでしょうか。また、「頑張りすぎないこと」というのは、やる気がないように見えますが、実は創造的でもあります。この後ろ向きな姿勢から生まれる効率化だってあるのです。そして、浮いた時間は期待されている仕事に集中するべきなのです。

まずは個人レベルで、労働時間を一日一時間減らすにはどうすればいいのか考えてみましょう。意外にやらなくていいことをたくさんやっていることに気づくはずです。ビールは明るいうちに飲むのが美味いのです。

第3章

会社の中で自分を活かす

23

「いい仕事」を定義する

この章では自分の会社がどのような場所なのか、会社を客観的に見つめた上で、会社と自分の距離を考えることにします。

まずは会社の中で気持ちよく働くためには、「いい仕事」が何かを定義してみましょう。つまり、会社から期待されている「いい仕事」とは何か、自分が「いい仕事」だと思う仕事は何かということです。

意外にも、組織も個人も「いい仕事」の定義など、実はしていません。そして、何らかの改革がされる時に、いつの間にかそれが「いい仕事」像を踏みにじっていくことがあるのです。

たとえば、「働き方改革」です。これはいつの間にか「残業時間を減らす改革」にすり替わってしまっています。これもまた「働き方を変える」なんて言う前に、そもそも

「いい仕事」とは何かという定義をしなかったことが原因だったと私は見ています。

これを定義しないまま、時間を減らすことを目的化すると、社員が疲弊するだけです。「いい仕事」とは何かを定義しなくては、何も解決されないし、話が前に進みません。その仕事をするために必要な力は何か、それを時間内で終わらせるためにはどうすればいいかというすり合わせが必要です。

働き方改革の矛盾は、目標を下げないし、仕事の絶対量を減らしてくれないし、突発的な仕事がありうるのに、時間だけ短くしろと言っていることです。もちろん、ムダはあるし、時間を減らすことはある程度できるでしょうが、結局は、労働強化になるだけです。

新しい「いい仕事」像を提示して、その仕事をより短い時間で終わらせようと努力しなければ目標を真に達成することはできません。労働時間が短くなることは、本来喜ぶべきことですが、なぜかワクワクしないのは、現実的には難しいと考えるからではないでしょうか。

もちろん、仕事に求められるものは常に変化しています。大学の教員ですら、研究し、教育し、会議に出ていればOKという時代ではなくなりました。研究費も外部から獲得することが期待されますし、教え方もさまざまな立場の学生に気配りして教えなければなりません。何しろ、学生を集めるために、マーケティング的な活動までしなくてはならなくなりました。

「いい仕事」の定義も簡単ではありません。ただ、組織から期待されること、個人として理想にすることを一度定義して、問題をスッキリさせましょう。

私が「いい仕事」だなと思うのは、「笑顔の数が多い仕事」です。その顧客にとっていいものであるという点は外せません。ただ、それだけでなく、自分も含めて、関わった人が笑顔になれる仕事というものが「いい仕事」だと思います。さらには、人や会社や社会を少しでも動かせた仕事でしょうか。何かの変化のキッカケになる仕事が「いい仕事」だと思います。

24 よりよい職場を目指して、採用活動を監視してみる

人事部は年中大忙しです。採用活動の後は内定式、さらには研修です。全国から学生

が集まり、経営トップ層も集まる内定式を企画・運営することはなかなかの負担です。最近では、これに合わせて内定者研修や懇親会も開催されます。開催直前に内定辞退の連絡をしてくる学生もいます。気苦労も絶えないのです。

採用活動の準備も、採用戦略の立案、スケジュールの決定、経営陣や他部署との調整、リクナビやマイナビなどの求人広告の準備、ホームページやパンフレットの制作など手間暇がかかる仕事ばかりです。

特に採用戦略の立案は、やりがいはありますが難易度が高いものです。経営陣、現場の意見を聞き、業界や企業の未来、競合他社の動き、求職者の動向などを捉え、自らの意志を加えつつ採用戦略を決め、求める人物像を明らかにし、採用するための打ち手を考えていくという一連のプロセスはいちいち奥が深いです。作戦を立てたところで、実際は見立てが誤っていたり、うまくいかないこともあります。逆にそこが面白いものなのですが。

最近は就活の長期化・早期化が問題となっています。ということは、人事部の採用担当の仕事も、年中無休になっているということなのです。就活に苦しむ学生の姿がメディアでは報道されていますが、人事担当者の苦労も相当のものです。

「ウチの新卒採用活動は、戦略としてまともなのか？」

一従業員としても、新卒の採用活動はより注目するべきでしょう。自社が若者に対して、どんな方針を示しているのかが明らかになるからです。今後の自社の方向性を理解するための貴重なヒントになります。

こんなことはないと信じたいのですが、企業が若者を騙し、彼らが路頭に迷うようなキッカケになっていないか、監視する必要だってあります。採用活動では、若者言葉で言うところの、「盛る」行為がよく見られるからです。

明らかに根拠のない今後の方針、やたらとグローバル化を連呼する、できたばかりのまだ成果が出ていない制度を大きく取り上げる、活躍している女性社員はほぼいないのにそれが普通であるかのように取り上げるなど……。

ブラック企業の採用活動などでは、社長が登場し、夢のようなことばかり語ります。学生は世間を知りません。情熱的な戦略家だと勘違いし、まんまと騙されてしまいます。そんなことが毎年のように繰り返されているのです。

もちろん、夢を語ることも大切です。新卒で入社する社員は、会社の、いや社会の希望です。彼らに対して、これから最高のステージを用意すること、彼らと一緒に成長していきたいという意志は大事です。

しかし、詐称、誇張はいけないでしょう。そのような嘘つき企業は社会から信用されるわけがありません。

まずは自社の採用情報を確認することから始めましょう。OB・OG訪問をしてきた学生がいれば、よいことも悪いことも含めて現実を伝えましょう。明らかに誇張しすぎな内容があれば、異議申立てをすることも手なのです。

新卒採用は企業の未来を創る行為でもあります。いま、至らない部分があっても、変わろうとしている企業の意志は尊重しましょう。さらに、自分もいい職場づくりに貢献しなければ、優秀な若者など獲得できないのです。

未来を創るために、現状の監視と主張、さらには職場の改善に努めたいものです。

25 自分と組織のパフォーマンスを測定しよう

私は、「ゆとり世代」ならぬ、「ふとり世代」です。いや「世代」というよりは、個人的な問題なのですが。二五歳を過ぎたあたりから、ちょうど五歳ずつ加齢するたびに段階的に太ってきました。社会人になったばかりの頃、六五キロくらいだった体重は、気づけば八〇キロを超えていました。体脂肪率は二五％前後になってしまいました。

これではよくないと思い、数年前からプロレスラーにパーソナルトレーナーをお願いし、肉体改造に取り組んでいます。おかげ様で明らかに体型は変わり、筋肉質になってきました。胸板も分厚くなりました。しかし、まだまだ体脂肪率が改善しません。夏までに、なんとか変わりたいと何年も言っています。

ところで、ダイエットや肉体改造について、ふと気づいたことがあります。運動をする、食事を工夫する、代謝を改善するなど、痩せるための方法はいろいろあるのですが、どのダイエット手法でも共通していることは、最初に現状の体重と体脂肪率を把握することなのです。まず「測る」ということです。

この考え方は、ダイエットに限らず、すべての仕事に共通すると思われます。自分の仕事の効率をアップするためにも、自分がマネジメントしている組織のパフォーマンスを上げるためにも、この「測る」という考え方、行為を仕事に取り入れてみてはどうでしょうか。

私がこの「測る」という行為に目覚めたのは、リクルート時代、トヨタ自動車との合弁会社設立に関わった時です。そのサービスは、トヨタ自動車のものづくり現場で四〇年間活躍してきた管理監督者をトレーナーとして顧客企業に送り込み、一緒に改善プロジェクトをすることによって、人材育成と生産性の向上を実現するというものでした。

その時、ある顧客企業では、工場の現場での頻発停止が問題となっていました。頻発停止は、動いていたベルトコンベアーが止まるなど、工場の現場で何らかのトラブルで機械が止まる状態をイメージしていただくとわかりやすいと思います。とにかく、生産ラインがよく止まるのです。日報をもとに集計すると、一週間に六〇回以上停止しているということになっていたのですが、体感値よりずっと少ないものでした。しかも、一日の業務時間のうち二割近くが「使途不明時間」となっていました。

実は、ここで一つの問題が発覚しているのです。それは、日報への記入ルールの問題です。五分以上の停止のみ記録することになっていましたが、それはつまり、五分未満の停止については記録がないということです。これでは対策の打ちようがありません。

そこで、二名のトレーナーは、交代で一週間のべ一〇〇時間にわたり、「測る」ことに徹しました。ずっと現場に立ち、何が起こったのかを記録し続けたのです。結果として、一週間に当初の日報の数字よりも約二八〇回、約七時間半も多く停止していたことがわかりました。これは約二三五〇個分の生産時間に相当するものでした。使途不明時間も一日九分となり、かなり正確な把握をすることができました。

さらに、そのラインを担当する管理職によって停止時間が違うことも発見されました。この企業では、管理職の能力の要件が定義されておらず、対応した研修も行われていませんでした。

いくつかの頻発停止のパターンには、改善策がすでに立てられていたのですが、その策が実行されていないことも明らかになりました。これは、この企業における管理職の決裁権限が限られていたことが原因でした。

このように「測る」ことにより、その職場の問題は、面白いくらいに明らかになったのです。

この手の話をすると、「それはルーチンワークの製造業の話だからだろ」という安易な批判をいただきます。まず、この手の批判自体、プロとして恥ずかしいことだと認識してほしいと思います。すべての物事からは何かしら学ぶことがあるはずです。その要素を、どうやって自分の職場にも活かせるのかについて考えてみる必要があるのではないでしょうか。

実はこの「測る」という考え方は、営業部においても活きるものです。営業は創造的な要素と、ルーチンの要素が両方含まれる仕事です。そこで、それを「測る」ことを試みるということは、実に有益なのです。

簡単に取り組める事例が、リクルートの先輩北澤孝太郎さんの著書『営業部はバカなのか』（新潮社）にまとめられています。なお、この本は営業の新人はもちろん、ベテランでも唸る本なので、興味がある人はぜひ読んでいただきたいと思います。よくありがちな小話、エピソードをもとに、その背景にある考え方、理論を学ぶことができます。大量に買って若手社員に配っている社長などもいるそうです。

ここで「活動カレント」と呼ばれるメソッドが紹介されています。彼は新任の課長時代、日々の営業活動を簡単に記録できるシートをメンバーに毎日提出させました。記入項目は極めて少なく、訪問した企業名を書き、訪問内容のチェック項目を入れるだけのものです。そのチェック項目は「初回訪問」「プレゼン」「アイドル訪問（ご機嫌伺い）」「クロージング（成約）」「納品打ち合わせ」「納品後フォロー」だけです。ゆえに、簡単に記入できる上、営業の生産性把握のキモとなるデータをとることができるのです。

これにより、活動量が多い営業マン、命中率が高い営業マン、頑張っているが成果が出ていない者、明らかに能力が低い者、サボっている者などが明らかになります。ハイパフォーマーの行動を分析すると、勝ちパターンを抽出でき、それを広げることで、より強い営業組織になることも期待できるのです。

この取り組みを行ったのは、管理職として初めて出席した査定会議で、自分の部下に対していい点数をつけようとしたところ、他の管理職から「それでいいのか？」という指摘が相次ぎ、最後は想いでその評価を通さざるをえなかったという体験からでした。ちゃんと行動量を把握していると、より論理的に査定会議で部下の業績についてプレゼンできると考えたのです。

このように、営業部だって「測る」ことは可能なのです。

二つのエピソードを紹介しましたが、まず、自分自身について仕事とプライベートを含め、手帳とにらめっこをして「測る」ことを行ってみてはどうでしょうか。時間とお金、特に前者についてです。「時は金なり」と言いますが、私はこの言葉を、時間の豊かさこそ真の贅沢だと言っているのだと解釈しています。ぜひ「測る」努力をしてみましょう。

26 社内起業で会社を利用するという考え方

突然ですが、みなさんは「社内起業」という言葉をご存知でしょうか。簡単に言うと、会社にいながらにして新規事業を興すことです。広義では、従業員が会社というステージを利用して、何か新しいことを始めることを指します。

『はじめての社内起業』（石川明、ユーキャン）という本があります。著者の石川氏はリクルートの先輩です。リクルート時代は新規事業開発室のマネジャーを務め、社内起業提案制度「ＮｅｗＲＩＮＧ」の事務局を担当し、一〇〇〇件以上の案件に関わってきた人です。また、二〇〇〇年にはリクルート発のベンチャーとして海外の企業と提携し、オールアバウト社を創業し、二〇〇五年にＪＡＳＤＡＱに上場、さらに二〇一〇年に独立し、社内起業に特化し業務を請け負う事務所を設立しました。以降、大手企業を中心に、新規事業の創出、新規事業を生み出す社内の仕組みづくり、創造型人材の育成に携わっています。これまで関わってきた新規事業・社内起業家は、一〇〇社、一五〇〇案件、三〇〇〇名にのぼるそうです。

この本では、社内起業のノウハウと、そのために必要なマインドについて説明されています。特に、ビジネスモデルに関する考え方や分類の仕方、ニーズの探し方、社内での案件の通し方などの話は極めて具体的かつ実践的で、よくもここまで大胆に開示してくれたと感謝したくなります。別に社内起業について考えていなくても、ビジネスに対する見方がシャープになると思うので、ぜひ手にとっていただきたいと思います。

ここではこの広義の「社内起業」について考えてみたいと思います。長年、勤めていて社内に刺激がなく、そろそろ環境を変えようかと考えている人もいることでしょう。そのような時に、転職、起業をしなくても、社内で何かを始めるという手もあるのです。

どうやったら「社内起業」を実現できるのか、方法について考えてみましょう。そこにはいくつかのパターンがあります。

一つは、社内での新規事業コンテストです。例えば、リクルートグループの「New RING」や、サイバーエージェントの「ジギョつく」などが有名です。リクルートグループにおいては、結婚情報誌の『ゼクシィ』や、フリーペーパーの『R25』などはここから生まれました。チームでも個人でも参加可能で、みんなで企画案を考え、提案します。年によりやり方は変わるのですが、私が在籍していた頃は、活動予算も支給された上、参加賞も一万円相当の商品となっており、社外の人も参加可能でした。

新規事業開発を担当する部署で、案件を担当するというやり方もあります。この場合、経営トップ層からテーマの検討を依頼される場合もあれば、自分から提案することもできます。他にも、各事業部で新規事業を検討するパターンや、経営トップ層に直談判するケースなどもあります。

さらには、広義では自分の担当ミッションの中で、何か新しいことを始めるということも立派な「社内起業」です。

それらのいずれにおいても必要なことは、社会の不を解消しよう、あるいは社会に快をもたらそうという想い、そして当事者意識です。

感情論に聞こえるかもしれませんが、社内起業に限らず、「儲かるから」という理由だけで何か新しい事業を検討すると、行き詰まるのではないかと思われます。存在理由が、「儲かる」という、ただそれだけだからです。特定の業界や企業、事業を批判することは避けますが、「儲かる」という理由「だけ」で存在しているビジネスも多々見受けられます。それは世の中に、どんなバリューを提供しているのでしょうか。

市場をなんとかしたい、そのためにこの事業が必要だという想いがなければ、成立しません。例えば、新規事業コンテストの成功事例として紹介されることの多いリクルートグループの「ＮｅｗＲＩＮＧ」についても、そんなにホイホイと新規事業ができているわけではないのです。結婚するカップルのほぼ全員が購入し、現在は年間売上が五〇〇億円規模の事業となっていると言われている結婚情報誌『ゼクシィ』は、この制度から生まれたものですが、実は当初は「選外」でした。しかし、提案者の熱意が経営幹部に届き、検討する体制が作られ、事業化されたのです。

「社内起業」を実現する方法はさまざまです。自社の制度、体質にもよりますが、どうやったら実現できるかを考えてみましょう。その新規事業は不を解消することができるのか、快をもたらすことができるのか、自分はそれについて想いがあるのか、今一度問い直してみてください。

「社内起業」や「新規事業」と聞くと、大げさな話に聞こえるかもしれません。しかし、それは違います。これらも、既存の事業も、前述したように「不」の「解消」か「快」の「追求」のいずれかにつながるものだからです。そして、この「不」と「快」に敏感であることは、実はビジネスパーソンに日々求められている力なのです。

完璧な商品・サービスなるものは、存在しません。なぜなら、世の中は常に変化しているからです。競合企業だって存在します。顧客が要求するレベルも上がっていきます。現状の商品・サービスの至らない点は何か、それをどう解決するか、これらを日々、考え続けると、センスが磨かれることでしょう。

ここで大事なポイントは、「やりたいこと」から入らないことです。「やりたいこと」であるとしても、顧客の不を解消する、あるいは、彼らに快をもたらすものでなくてはダメなのです。手段を目的化してはいけないのです。

このセンスを磨くためにおすすめなのは、日々、困っていること、不満に感じていることをメモすることです。別にそれは、勤務先で担当している商品・サービスに関することでなくても構いません。「不便だなあ」「面倒くさいなあ」と日々感じていることをまずメモすること、そしてそれを解決するためにはどのようなものが必要であるかについて考えるのです。例えば、週末、都心に出かけると、どこも喫茶店や飲食店は混んでいます。どうすれば、短時間で自分に合った、すぐに入れるお店が見つかるのでしょうか。単純なことのようですが、例えば、このように問いを立てるのです。この繰り返しが、ビジネスのセンスを高めることに貢献するのです。

「社内起業」をテーマに論じましたが、別にこれを目的化しなくてもいいのです。ただ、会社というステージを利用して何かやること、市場、商品・サービスを変革するマインド、これもまた、ビジネスパーソンが意識するべきことなのです。あなたは、社会と会社の何を変革したいと思っていますか。胸に手を当てて考えてみましょう。

27 素晴らしい会議とは何か?

突然ですが、みなさんは会議が好きですか？　会社員の方の多くは、会議が嫌いなのではないかと思われます。よくメディアで「日本人は働き過ぎ」だと話題となりますが、その際にやり玉にあげられるのは、長時間にわたる会議です。大量の案件があり、ダラダラと長く、なかなか物事が決まりません。会議が終了する頃には定時をとっくに過ぎていて、さらに会議の宿題もこなすため退社時間も遅くなるのです。しかも、物事が決まったようで、具体的には決まっておらず混乱する……。このようなテンプレート化された表現によって、日本企業の会議は揶揄されています。

それに対し喧嘩を売るわけではないのですが、実は私は会議が大好きなのです。高校時代のバンドのミーティング、大学時代のゼミやサークルの打ち合わせ、社会人になってからの仕事に関してのアイデア出しの会議など、思えば、たくさんのキッカケで会議が好きになってきました。新人時代のピリピリした営業会議や、単に連絡事項を共有するだけの会議は嫌いでしたが、あるタイミングでの異動で出会った先輩たちから、想いを共有し、自由闊達に意見をまとめ、面白い悪巧みをするタイプの会議スタイルを経験してから私は変わりました。その会議では、まず準備が完璧で、あらゆる角度から新しいアイデアを出して、企画をまとめあげるのです。ファシリテーターも完璧で、ホワイトボードに発言が見事にまとめられ、アイデアがまとまっていくのです。

会議とは新しい何かが始まる場、みんなとの議論を楽しむ場だと捉えるようになってから、会議に対する考えが一変しました。大手企業時代は出張が多く、ベンチャー企業時代も忙しくて、みんな会社の外に出ていました。フリーランス時代も大学の教員になった後も、意外に人と会う機会が少ないこともあり、会議は孤独から解放される、貴重な機会だと思うようになったのです。さらに、後述するように、会議に関するワザを身につけたということもあります。人と会って、情報を共有し、面白い意見を出し合っていくとテンションが上がるのです。

会議＝悪ではありません。ダメな会議が悪なのです。

ダメな会議のよくある例は、「何のための場なのかわからない」というものです。情報を共有する場なのか、議論をする場なのか、意思決定をする場なのか……。まず、目的を定義しましょう。

その際に、組織としてのオフィシャルな目的と、個人としての裏目的を持っておくといいでしょう。例えば、もともとの目的は営業の進捗状況の確認だった場合、もちろんその会議の目的を果たしつつも、自分の担当している案件への社内の理解を深めようとしたり、商品・サービスの仕様変更に関する意見をインプットしたりなど、工夫するのです。

会議は事前準備が大事です。資料は可能な限り事前に共有しましょう。案件と、そのためにかける時間も共有しておきたいものです。

役割分担ももちろん大事です。司会、タイムキーパー、書記などを立てるといいでしょう。なお、書記は可能であれば議事録作成係と、板書係を分けましょう。会議において、意外に機能するのが板書です。事実や意見が可視化されるため、何が論点なのかを確認しやすいのです。口頭のみで意見交換すると、その意見というよりは発言者に対して賛成か、反対かという話になってしまい、冷静な議論にならない可能性があるためです。板書をすることで、意見についての冷静な議論が可能となるのです。

時間までに終わるように、議論にかける時間を決めること、時間がきたらやや強引にでも終わらせることも、会議に緊張感をもたらすためにはいいことです。なお、やや裏ワザですが、会議は立って行うようにすると、短縮化につながるという考え方もあります。長時間やっていると辛くなるからです。

便利なツールはどんどん使いましょう。例えば、板書をスマートフォンで撮影し保存すると、記録を効率化できます。板書のかわりにプロジェクターや液晶ディスプレイを活用するのもいいでしょう。ＰＣの画面を投影するのです。なお、組織風土によっては「マナー違反だ」という話になるかもしれませんが、参加者全員がＰＣやタブレット、スマートフォン持ち込み可にするという手もあります。何か疑問点があればその場で調べ物もでき、事前にＰＤＦなどで配布した資料はこれを使って閲覧することで、紙の削減にもつながるのです。内職のようになってしまいますが、顧客や関連部署からのメールも会議中に返信できるので、時間の削減にもなります。

最近では、ＴＶや電話による会議システム、さらにはスカイプなどのネットのツールもできています。誰かが出張中のためリアルに集まることができなくても、これらのツールを使えば会議をすることができるのです。

当たり前のことのようですが、会議を効率化するためには、ルール作りとその徹底、創意工夫が大事なのです。

ただ、ちゃぶ台をひっくり返すようですが、会議の効率化もやりすぎると逆効果になります。よい会議とは単に時間が短い会議ではないのです。目的を高いレベルで達成する会議こそ目指したいものなのです。意味のある無駄を生み出すことも時には大切です。

せっかく集まるのですから、みんなが意見を言いやすい雰囲気作りが大切になります。この部分においては、司会のスキルが求められます。あまり発言しない人から本音を引き出す技術、少数意見に光を当てる技術が求められるのです。司会は単に議事進行係、発言者指名係ではありません。どうやったら会議の目的が達成できるのか、ストーリーを考えなくてはならないのです。

議論するべきポイントについては、とことん時間をかけるべきでしょう。大事なのは、説得ではなく、納得です。特に営業部の会議などは、理詰めで通しても、営業担当者が納得しなければ、後の営業にドライブがかかりません。効率化を重視しすぎていて、雑な進行にしてしまってはいけないのです。

アイデアなどを出すブレーンストーミングをする場合は、適度な悪ノリも必要になります。アイデアと企画は違うものです。アイデアは雑でいいし、実現可能性など考えなくていいものです。ブレーンストーミングでダメ出しをしてはいけません。実現可能性を検討することは、後ほどで構わないのです。

よく日本の会議は「お互いの存在を確かめ合う場」とバカにされますが、私は存在を確かめ合うことにはちゃんと意味があると思います。膝を突き合わせて会う場であるがゆえに、そこでの情報共有は有益なのです。余談になりますが、在宅勤務を推進している企業では、たまに行うリアルの場での会議の有り難みが増しているというのです。人と会うことで、安心するからです。プライベートのこと、雑談も含めて共有する機会はむしろ設けた方がいいと思われます。私が会社員だった頃は、メンバー全員の一週間のトピックスをＡ４で一枚に印刷できるようにした情報共有シートを運用していました。

なお、気持ちよく議論をするためには小手先の工夫も大事です。例えば、社内で可能な限り開放感のあるスペースを予約すること、眺めのよい場所を選ぶことなどです。焼き菓子などを用意すると、頭も活性化されます。個人的にオススメなのは、ノンアルコールビールを持ち込むことです。アルコールは入っていないものの、開放感を味わうことができ、発想も自由になります。

世の中全体で働き方改革が議論され、時短の推進などが行われている分、その中でいかに意味のある無駄を作るかということも、大事な取り組み事項です。よって、打ち合わせの中でいかに飲み会的雰囲気をつくるかということは、立派な打ち手なのです。

会議は深いものです。単なる効率化ではなく、満足度が高く、結果につながる、機能する会議こそ求められているのです。

28 会社の中での怒り方を身につける

「届く声で批判せよ」

尊敬する先生から学んだ言葉です。

声を届けるためには、「音量」「内容」「どんな言葉を使うか」「誰が言うか」「どう言うか」という要素を考える必要があります。そうでなければ、声は届かないのです。せっかく、正しいと信じていることを言って、賛同する仲間を募ったとしても、できるだけ効果的に伝える（伝わる）努力をしなくては意味がないのです。

前置きが長くなりましたが、ここでのテーマは「会社員のための怒り方講座」についてです。

私は労働組合がある職場に所属したことは一度しかありません。今の勤務先の大学がそうです。それ以外はずっと労働組合のない企業に勤務してきました。ただ、そんな中でも、従業員が経営に対して怒った光景を何度も目撃したことがあります。社員による、最も怒れるアジテーションを見たのは労働組合がない上、激しく働く会社として有名だったリクルート時代のことでした。

当時、優秀だと評判の、同じ事業部の同期が、通期ＭＶＰで表彰されました。この手の表彰は、関係者への賛辞などに終始することが多いのですが、彼が始めたのは経営批判だったのです。ちょうど、借金返済の目処が立ち、成長戦略が議論されていた頃でした。経営からは「売上一兆円企業を目指す」という目標が降りてきていました。いかにも優秀な彼はこれに賛同するかと思いきや、噛み付いたのです。

「なぜ一兆円を目指すのか」「なんのための一兆円なのか」「意味もなく数字だけを押し

付けられるのは気持ち悪い」「その先に何があるのか」などと経営批判を始めた上、「もし一兆円を目指さざるをえないのなら、カスタマーから喜ばれた結果としての一兆円にしたい」という自分の意志を表明したのでした。拍手喝采でした。

高い目標は人を熱くすることもあります。ただ、根拠もわからず、突然「一兆円」と言われても困るのです。そのために、従業員はどこまで働かなくてはならないのでしょうか。エース社員が売上一兆円に対してNOと言ったため、経営側も気にせざるをえません。その後、彼はトントン拍子で出世し、現役では最年少の常務になりました。

もっとも、これは稀有な例かもしれません。ただエース社員しか会社に文句は言えないとは思ってほしくありません。労働側の論理を経営側に伝えることは大事なことです。しかしその論理は経営側となかなか噛み合いません。だからこそ経営側に「届く声で批判する」ためには、なぜそれがNOなのかということを具体的に伝えなければならないのです。何よりも、労働側の怒りの声を聞くことにより、経営側に何らかの気づきがあり、この人たちの意見を聞かないと損だと思ってもらわなければなりません。

これが、「届く声で批判する」ということです。そのためには、労働側の意見をどのように翻訳すると経営側に響くのか、よくよく考えてみなくてはなりません。

29

「できない奴」は誰が悪いのかという問題

「若手の○○君、営業成績がイマイチなんだよな」「○○さんって、全然、仕事しないんだよな」など、「できない人」をネタにした会話は、よく社内で繰り広げられていることでしょう。この手の上司や同僚の悪口については、「酒の肴に最高」という意見すらあるのです。

ここ数年、出版の世界で流行っていたジャンルがあります。それは「入社○年目の心構え」「上司になったら読む本」などです。例えば、ライフネット生命の代表取締役社長兼CEOの岩瀬大輔氏の『入社1年目の教科書』(ダイヤモンド社)、会社役員などを務める酒井穣氏の『はじめての課長の教科書』(ディスカヴァー・トゥエンティワン)はベストセラーになりました。他にも似たような本が書店に並んでいます。このような本が売れているという事実により、上司も若手も仕事の進め方に悩んでいるということがわかります。それぞれが悩んでいるのです。

この手の本で語られる処世術、ノウハウに「相手の立場で考える」というものがあります。社内の上司、同僚についても、取引先に対しても、相手はどう思うのかという視点で考えるということです。

「何を当たり前のことを」と思うことでしょう。しかし、この手の本で繰り返し語られるということは、大事なことであるのに、みんなが実践できていないことを物語っているのではないでしょうか。

相手の立場のことを理解しているかどうかをチェックする実にシンプルな質問があります。それは「その人にとって何がうれしいのか」「何に困っているのか」ということです。あなたは職場の上司・同僚・部下についてちゃんと把握しているでしょうか。

ただ気持ちをわかっているだけでは不十分です。その人の、職場での欲望は何かを理解しなくては意味がないのです。業務上、どんな成果が上がればうれしいのでしょうか、どんなことで困っているのでしょうか、根本的な価値観は何なのでしょうか。

上司の批判をしているアナタは、実はのんびりしている人だと言えます。というのも、上司を批判している暇はないからです。なぜなら、突然、あなたが次のステージに上がる可能性だってあるからです。

よく、「上がつかえているから出世できない」という人がいますが、日本企業においては現在は、制度上は、出世するタイミングは早くなってきています。「自分が出世するのはもう少し先だ」などと思わない方がいいです。上司が業績の責任をとらされたり、何か不祥事を起こした場合などは、あなたが願ったようにその上司は左遷され、あっという間にあなたの出番がやってくるかもしれないのです。

「自分が上司だったらどうするか？」一つ上、二つ上の役職についたらどのように部署を運営するか。この視点を持ってください。そして、この視点を持つと、自分に期待されている役割をよりよく理解できることでしょう。「わかっていないな」と思った上司の指示が、実は深いものだったということに気づくかもしれません。

どんな上司にも弱点はあります。上司の癖、強み・弱みを理解しつつ、上司の行動をコントロールするのです。あなたが「上司をマネジメント」するつもりでやってみてください。ここでのコツは、上司があまり知らない情報のインプットをさりげなくすることです。「いまは○○に勢いがあるそうですよ」「○○ははやめたほうがよさそうですよ」などという情報を、少しずつインプットしていくのです。

もし、あなたがすでに管理職なら、若手社員の気持ちを理解するのに、いい方法があります。彼らが帰った後に、こっそり、その席に座ってみましょう。あるいは、その席のあたりを通るだけでも構いません。そうか、彼らの視点からは上司たちはこう見えているのかという発見があるはずです。また、机の上を観察すると、彼らの仕事ぶりの課題を理解するヒントを発見できるはずです。

上司や部下の批判では何も始まりません。次の時代を担う上でも、相手の立場に立つということを意識しましょう。

30 見られていることを意識しよう

数年前、四〇歳になったのをきっかけに、中学時代の大同窓会をしました。札幌市郊外の公立中学校の卒業生が、すすきのに集まりました。卒業してから二五年。一学年約二〇〇名のうち、六〇数名が集まりました。連絡がとれなくなっている人も多い中、かなりの参加率でした。東京から駆けつけた私と同様に、遠くから参加した人もおり、一番遠い人は四国からの参加でした。私は午前〇時で失礼しましたが、朝まで飲んでいた強者もいました。「イベントを開いてくれてありがとう」という感謝の声を多数いただきました。

個人的に印象に残ったのは、実に二五年ぶりの再会なのにも関わらず、みんなその人の根っこの部分を見ているということです。

「お前は、昔から面白い奴だったな」

「〇〇君は、昔から優しかったよね」

そんな会話が、そこら中で聞こえてきました。意外に人は、人を見ているものだと再確認した次第です。サイバーエージェントの藤田晋氏と、幻冬舎の見城徹氏の共著で『人は自分が期待するほど、自分を見ていてはくれないが、がっかりするほど見ていなくはない』（講談社）という長いタイトルの本がありました。このタイトルは、実にいいことを言っていると思います。

人は意外に見ているものなのです。「見られている」と言い換えてもいいと思います。職場を生き抜くには、これを意識しなくてはならないのです。

ただでさえ「見られている」ことに疲れる社会です。企業によっては、部下なども含めてみなで評価しあう三六〇度評価なるものも導入されていますし、成果主義もじわじわと広がっています。プライベートにおいても、ソーシャルメディアなどで相互に監視しあう世の中です。考えるだけでも嫌になってくる人も多いことでしょう。

「見られている」こと、これは宿命です。上司・先輩からも部下・後輩からも、取引先からも常に見られていることを意識しなければなりません。

仕事というのは、就活の面接がいつも続いているようなものです。年に数回やってくる査定もそうです。これもまた、日々の成果の積み重ねです。実際には、日々の仕事が見られているのです。

これは会社員に限りません。フリーランスでも同じです。日々、仕事を見られています。フリーランス時代は、ノリと勢いで書いたブログや連載の記事がきっかけで、その内容での書籍化やメディア出演の話が舞い込んだりすることもあれば、いきなり仕事がなくなったりもしました。日々の原稿、講義・講演、打ち合わせの時に話す内容などなど、すべてが試験問題でした。

ここ数年の失敗体験といえば、ラジオでパーソナリティーの代打を務めた時のことが忘れられません。あるFM局の看板番組です。パーソナリティーが諸事情でお休みとのことだったので、代打を頼まれました。同じ時期に二回くらい、そんなことがありました。ラジオでコメンテーターをしたり、討論番組に出たことは何度もあったのですが、パーソナリティーというのは立場が別です。しかも、人気のあるパーソナリティーの代打です。私は、できるだけ自己主張もせず、その仕事をミスのないように、淡々とこなしてしまいました。

あとで気づいたのですが、それは、その番組での次期パーソナリティーの面接のような場だったのでした。大きなミスをしたわけでもないですし、逆に暴言・失言があったわけでもないのですが、私はそのラジオ局から二度と呼ばれなくなってしまいました。

このように、仕事はいつも見られているものなのです。

フリーランスの世界は、自由そうで残酷なものです。ただ、これは企業社会もあまり変わりません。あなたの仕事ぶりは常に見られているのです。

特に気をつけるべきことは、実はアウトプット（成果）だけではなく、プロセスです。「この人、信頼できないな」「この人は、使えないな」という印象は、日々の仕事ぶりで形成されていきます。

私が気にするのは、以下のようなポイントです。

・いつもいらいらしていて、余裕がなさそうだ。
・相談にのってほしい時に、のってくれない。
・話しかけづらい雰囲気を醸し出している。
・仕事に対するやる気、情熱が感じられない。
・昔の成功体験ばかり話をする。
・何かあった時に人のせいにする。
・アドバイスなどをしてくれないくせに、何かあると文句を言ってくる。
・優しい上司・先輩を演じるあまり、教えても叱ってもくれず、放置する。
・上司・先輩に媚を売る。

まだまだありますが、常に仕事ぶりは見られているのです。彼らの前でいい仕事ができているでしょうか。

これは、職場だけでなく、取引先に関しても言えることです。継続的な関係に甘えて、スケジュール遅れ、仕様変更などが慢性化していないでしょうか。些細なことから信頼の貯金残高が減ってしまいます。あなたの仕事だけではなく、会社がどう見られているかも意識するべきです。

大手企業を含めて、世間の人はその企業のことを意外に知りません。数すくない情報で誤解しているのが現状です。だから、世間や顧客、取引先がその企業をどう見ているかを知るべきです。

以前、同僚がタクシーに乗った際、その場所から「○○社の方ですか?」と運転手に聞かれたそうです。反射的に「いえ、違います」と答えたところ、タクシーの運転手は、その企業の悪口大会を始めたのでした。この運転手もマナー上、どうかと思うものの、そうか、世間は自社のことをこう見ているのかと愕然としたといいます。

自分の仕事にしろ、企業にしろ「見られている」ということを意識したいものです。

31

「嫌いな人」は誰でもいる

あなたの職場や取引先に、「嫌いな人」はいませんか？　「嫌い」ではなくても「苦手」くらいの人はいることでしょう。

そんな「嫌いな人」の見方が劇的に変わる、優しい視点で見ることができるようになる方法があります。「その人の歴史に興味を持つ」という方法です。その人の人生を知ると、理解度が深まるというわけです。

これは「嫌われ者」に限らず、上司・先輩や、部下・後輩、取引先のことを理解する上で役立ちます。何より、自分自身の強み・弱みの理解や、キャリア形成のヒントになります。

「その人はなぜ今、そうなのか？」

変な日本語ではありますが、要するにその人の人格や能力がどのように形成されたのかに注目するということです。幼少期から現在にいたるまで、どのような出来事を経験してきたのか、人生の転機は何か、何を大切に生きて来たのか、などです。

網羅的に、丁寧に聞くことは難しいでしょう。何度かにわけて確認したり、まわりの人の声、社内の職員録なども参考になります。

その人の成功体験と失敗・挫折体験、影響を受けた人、最も楽しかった時代、苦しかった時代を理解するのです。すると、その人に対する見方が変わります。「前の部署での楽しい時代を経験しているがゆえに、今の部署と仕事には満足していないのだろうな」「数字に細かいのは、経理部門が長かったからなのだろうな」「学生時代に、サークルの会長で、ちやほやされた体験が忘れられないのだろうな」などというレベルのものから、仕事をする上での能力の特徴、判断基準なども理解できることでしょう。「他人のパーソナルヒストリー」の分析により、相手に対する理解は深まるのです。

もっとも、職場や取引先の人に対してこの分析をやり過ぎるのは、やや悪趣味に感じるかもしれません。単なる社内ゴシップマニア、プライバシーの侵害だと誤解されても困ります。あくまで、その人の人柄や能力を理解するための行為と捉えましょう。

キャリア形成の上で参考になるのは、著名人のパーソナルヒストリーを分析することです。著名人というのは、規格外の優秀な才能を持っているので、参考にならないように思えるかもしれません。自伝などは、やや脚色されているでしょう。とはいえ、困難の乗り越え方、変化にどう対応してきたかなどは参考になります。その人のファンであれば、その人をより深く知って楽しめます。

他人の人生を読み解くスキルを上げるためには、自分がよく知らない人を分析することをオススメします。日本経済新聞の文化欄に掲載されているコラム「私の履歴書」、人物ドキュメンタリーであるＭＢＳ系『情熱大陸』、ＮＨＫ『プロフェッショナル 仕事の流儀』など、身近にいくらでも材料はあります。ある程度の距離があると、事前の知識が少ないがゆえに分析対象としては適切です。人物理解のスキルを高めるとともに、その人のモノの見方、考え方、仕事術を参考にするのです。単に「すごい人だから別格だ」と思うのではなく、参考にできる部分はないか、自分の仕事に活かせるヒントはないかと考えてみましょう。

人物を読み解く練習を繰り返すと、人物理解のスキルはアップするし、キャリア形成のヒントにもなるのです。

会社での悩みの多くは人間関係です。時に社内外での人間関係に嫌気がさしてしまうことがあります。ただ、失望してもらいたくないのです。可能な限り「幸せそうな人を探す」、これが人生を楽しくするこつです。

「幸せな人」「幸せそうな人」に多く出会うこと（単に知り合うというだけではなくそういう人を数多く見ているということでもいいと思います）が、幸せな人生です。幸せの多様性を知っていること、これが鍵です。

この人はなぜ、このように考えるのだろう、行動するのだろう。これを理解すると、人に対する見え方が変わると前述しましたが、もっというと「この人の幸せとはなんだろう」と考えるわけです。

特に立場の弱い人、苦しそうな人に対する想像力は大事です。これを鍛えると、幸せの見え方が変わります。他人を立場が弱い人として見ることも、言ってみればエゴです。「幸せ」と立場の違いは関係がないこともあります。

私自身の原体験は、病人が多い（しかも重い病気の）家庭に生まれたことです。これはもう向き合うしかないことなのですが。大人になってから気づきました。あの時、闘病生活をしていた家族にとっては、病気などは、「違い」であり、「向き合う」ものだったのだと。彼ら彼女たちは幸せだったかもしれないのです。

もっとも、「恵まれていなくても幸せ」という姿勢は気をつけなくてはなりません。

経済的に恵まれていないことを含め、いつの間にかそれが普通で、受け入れてしまっている状態であるともいえます。

とはいえ、幸せな人、幸せそうな人をできるだけ多く見ること、さらにはその人の幸福とは何かを考えること。こうすると、会社員生活は楽しくなります。

32 味方をつくるということ

世の中には、敵が多いという人がいます。でも、敵が多いはずなのに、楽しく生きている人もいます。彼らはどのように工夫しているのでしょう?

この件を考える際に意識したいのは、味方をつくるという観点です。別に何かの問題で対立した時のためだけではないのです。自分が難しい仕事に取り組んでいる時、何かどうしてもやりたい仕事がある時、家庭との両立で困っている時など、何か困っている時に助けてもらうためにも、味方が必要なのです。

まず、前提を確認しておきましょう。敵をつくる人というのは、いかにも言動に問題がある人、個性が強い人、協調性がない人とは限りません。普通に生活しているだけでも敵はできてしまうのです。立場の違い、コミュニケーション上の誤解など、いつでも敵はできてしまうわけです。

会社においては、部門が違うだけで喧嘩になったりもします。例えば、営業部と管理部門などです。世代間対立などもそうです。高齢者の数が多く、投票率も高いがゆえに、彼らに有利な政策が立案されてしまう「シルバー民主主義」問題に関しては、別に自分の祖父母や近所の老人たちを忌み嫌っていなかったとしても、「老人たちは敵だ」と考えてしまったりします。このように、どんなに温厚な人でも、敵というものはできてしまうものだということをまず理解しておきましょう。


かくいう私は敵が多い人です。もともと個性や主張が強いというのもありますし、物書きの仕事をしていて、人前に出る機会が多いので、自然とそうなるのです。大学教員という立場も、何かと対立が生まれやすい職業でありますし、勉強が嫌いな学生からは煙たがられる仕事です。

これだけ敵が多いにも関わらず、私は気持ちよく仕事をしている方だと思います。なぜでしょう？　それは、味方をつくることを意識しているからです。一人でも味方がいると状況は変わるのです。

以前、「Twitterで見知らぬ若者が「常見さんは、賛否ある人ですよね」と書いていたのを発見したことがあります。まるで、「賛否ある」ことが「悪」であるかのように捉えていました。しかし、賛否あるということは、賛の人もいるわけです。賛否の割合が仮に一対九とか二対八だったとしても、「賛」がいるだけ状況は違います。もちろん、賛否と善悪、正否は違います。自分と、自分の意見、そして応援してくれる人をまずは信じるのです。

味方をつくる方法として、私が意識していることは、自分をさらけ出しオモテウラがない人間だと信じてもらうこと、損得を考えずに行動すること、さらには直接会って信じてもらうことです。

さらには、まわりの困っている人、傷ついている人に対して敏感であること、一方で自分に対する批判に対して（特に自分が迷惑をかけているわけではないことについて）鈍感であるということでしょうか。目の前にいる人と真剣に向き合うこと、特に大事な人を大切にすることもそうです。

もちろん嫌われ者を目指す必要はありませんが、人気者を目指す必要もないということを確認しておきたいと思います。自分が愛している人、愛されたいと思っている人から愛されれば、それでいいのです。八方美人は、ブスです。

世の中には、「知名度のない有名人」という人がいます。変な日本語ですけどね。地下アイドル、インディーズのレスラーやミュージシャンなどのことです。このような「有名人」に熱狂している人がいます。「踊ってみた」「歌ってみた」イベントに出るような、言ってみれば素人やユーチューバーに中学生くらいの男女に熱狂的なファンがいたりもします。物書きの世界もそうで、別にベストセラーがなくても局地的に有名な人はいます。逆に言うならば、著名な人、テレビやラジオのパーソナリティーをやっている人でも、一番売れた本で三万から五万部くらいだったりします。これでも、今の基準から言うとベストセラーなのですが。

繰り返しますが、別に誰に対しても有名である必要も、誰からも愛される必要もなく、愛されたいと思っている人に愛されればそれでいいのです。普通の会社で、普通に営業しているあなたは、お客さんと社内ではすでに有名人です。愛する人に愛されましょう。

私たちは、超無名であり、超有名なのです。

33 情報提供上手なら、社内外で人気者になれる

会社で楽しく生きるために、大事にしたいのは「情報収集」だけでなく、実は「情報提供」です。会社を上手く利用して好きなことをするためにも、社内外から認められ、好かれるためにも「情報提供」が重要なのです。

「情報提供」は別に、情報漏えいをしろと言っているわけではありません。相手にとって役に立つ情報を届けることによって、信頼を勝ち得るとともに、自分のビジネスを前に進めるのです。

サラリーマン時代、課長クラスなのにも関わらず、事業部のフィクサーとなっていた人が何人もいました。うまい具合に、役員、部長クラスを手なづけ、自分のやりたいように事業を動かすのです。

彼らは情報提供上手なのです。自分のやりたい案件に関する情報を、粘り強くイン

プットします。会議などはもちろん、普段のメールのやりとりの「追伸」、廊下やトイレでの立ち話で何度もインプットするのです。「最近、こんな市場が盛り上がっていますよ」「私が提案していたあの件ですが、競合のA社も始めましたよ」というように、です。しかも、余裕がありそうな時、機嫌がよさそうな時を見計らってインプットするのがポイントです。

より一般的なのは、顧客、取引先への「情報提供」です。商談、取引などを円滑に進める上でも、信頼を勝ち得る上でも、これがものを言います。

新人時代に気づいたのですが、高い業績をあげている人たちは、押しが強いというよりも、「情報提供」上手の人たちでした。いつも情報の「お土産」を持って、顧客を訪問するのです。他業界などの動き、最新のビジネス事例などの記事をコピーして持ち込むのです。これをフックに、単なる雑談のようで、そのネタ提供を通じてヒアリングをしたり、商談につなげるのです。

天才的営業マンと言われた人は、いつも商談時に、担当商品の話だけでなく、顧客が何に食いついたのかをメモしていました。このお客さんは、何に興味を持っているのかが、彼の最大の関心事でした。そして、お礼のメールなどを送る際に、追伸で情報提供をし、商談を広げるのでした。

この際のポイントは、相手にとって釈迦に説法の話にならないようにすること、上から目線にならないことです。あくまでお役に立ちたいというスタンスがにじみ出ることが大事です。

いま、じわじわと流行っているキーワードは「顧客期待」です。「顧客満足」が高いことは当然になっています。この人、この企業にかけてみると何かが変わるかもしれない、スゴイことが起こるかもしれないという「顧客期待」の高さが期待されています。

「情報提供」上手になることは、「顧客期待」を高めるための一歩なのです。

「こいつと付き合えば何かが得られる」と思ってもらえれば、物事を有利にすすめることができます。この人の話は聞いてみようと思ってもらえるように、情報提供をしましょう。

「あの人の話は、面白い！」

「これ、社内の会議で紹介してみよう」

そう言いたくなるような、ネタを提供しましょう。私はいつも、「まるで自分が発見したかのように、言っていいですからね」と前置きしたりもします。面白い話を提供できて、ナンボだと考えましょう。

34

理不尽だと思ったら、その合理性を考えてみる

「ムカつくことには合理性がある」私が大事にしていることの一つです。会社にいると理不尽なことが少なからずあるのですが、それがまかり通ってしまうのは、実は理不尽さの中に合理性があるのではないかということなのです。

たとえば、ある席で大手広告代理店やＩＴ企業（しかも、システム開発系）の打ち合わせはなぜ人数が多いのかという話になりました。これは無駄ではないか、と。

私も電通、博報堂など大手広告代理店の方と打ち合わせをする機会がありますが、たしかに一度に六人くらい出てきたりします。リードボーカル的に喋る人は一、二人くらいです。

いかにも無駄で、「だから大企業は……」と言いたくなる案件です。ただ、大手広告代理店の方にお伺いしたところ、これには次のような理由があるとのことです。

1、あとで伝言ゲームをするよりも、その場で現場社員から決済者まで情報共有できるから実はスピーディー。
2、役員から現場の実務担当者まで揃うと、普通にそれなりの人数になる。
3、2に関連して、「いるだけ」と思われるかもしれないが、先方も同じくらいの役職を連れてくるのではと思ったりし、人数が肥大化していく。
4、専門が細分化されており、普通にチームで仕事しているし、何にでも答えようとすると大人数にならざるを得ない。
5、その場で何も言わなくても、後でアイデアを出したり、アドバイスをしたり、若手を教育したりと、実はのちのち活躍する人というのがいる。
6、進捗、リスクなどもろもろの管理。
7、コスト意識の欠如。

これらを考えると、むしろ大人数の会議の方が合理的なのです。人数の多い少ないは、簡単には論じられません。

よく「人数が多くてダラダラした会議」という指摘があります。ごもっともな部分もありますが、本当にそれはムダなのかという視点も大事にしたいです。問われるのは、投入した分に対するリターンではないでしょうか。このリターンも短期では見えない部分もあります。効率化を追求すると、逆に将来につながるネタが出てきません。その場で何も言わない上司も、誰を今後抜擢するか、マネジメント方針をどうするか考える場にもなります。

会議を例に出しましたが「理不尽だ」と思うことに対して、その背景にある合理性を理解できると、少なくとも気は楽になります。なぜ、こうなっているのかを立ち止まって考えてみましょう。

ケーススタディ

会社の中で評価される人、されない人

読者のみなさんの中には、「なぜ、私は会社での評価が低いんだろう？」と悩みを抱えている人がいるでしょう。同僚についても「なぜ、この人はこんなに評価されてしまうのだろう？」「この人はなぜ、頑張っても報われないんだろう？」そう考えてしまうことはないですか。ここでは、会社の中で評価される人、されない人の特徴というものを考えてみましょう。

ある人を評価をする際は、まわりは人「だけ」ではなく、その人のアウトプットと、取り組むプロセスを見ています。例えばアウトプットとは作成した企画（その企画をまとめた企画書）、営業活動で受注した金額などです。プロセスとは、何か仕事を成し遂げるための取り組み姿勢、ミーティングでの発言、社内でのコミュニケーション、話す言葉、日常的な態度などです。実際にはその人が仕事で成し遂げたことだけでなく、普段の言動、さらには態度や表情も評価の対象になってしまっているのです。

具体的に会社で働く人がどのように評価されるのか、例をあげて見ていきます。ケースはすべて架空のものです。「あぁ、あるある」と納得していただけるような、普段まわりにいそうな人をイメージしてつくりました。では、ご覧ください。

Case 1

勉強熱心でビジネス書を一生懸命読むのだが、仕事で上手く活かせず成果を出せない二〇代男性

人材ビジネス企業に勤める中村大介は勉強熱心です。月に一〇冊は本を読み、勉強会や異業種交流会に欠かさず参加しています。ソーシャルメディアも積極的に活用しています。

彼はいつも、喫煙ルームで上司を捕まえてはこれらで学んだ知識をひけらかし、熱く語ります。

「これからはフリーエージェント化する社会ですよ」

「これからはIoTですよ」

よく勉強していることは間違いないです。何しろ、最近、流行ったビジネス書はひと通りチェックしているのですから。次から次と新しいビジネスのコンセプトが出てきます。そのたびに、「ウチの会社も変わらないとダメだ」という話をしてくるのです。

勉強熱心はいいことです。会社の今後についての建設的な提案というのも大事です。これらに取り組んでいる若手社員がいると、会社の未来も明るく感じることでしょう。

しかし、彼は、喫煙ルームで熱く語る内容ほど、仕事で成果を出せていません。人材ビジネス企業で営業をしているのですが、なんせ、同業他社から転職してから一年半、目標未達成なのです。

「飛ばねぇ豚はただの豚だ」は宮崎アニメの中でも知る人ぞ知る作品『紅の豚』の名セリフですが、「売れない営業マンはただの人」ではないですか。

これだけ勉強熱心なのになぜ売れないのか？　営業部の全員が当初抱いた疑問です。それは彼の仕事に、ビジネス書で学んだ知識がまったく活かされていないからです。

まず、マナーがなっていません。態度が悪いわけではないのです。慇懃無礼なのです。極端なまでのお辞儀、ペコペコする様子。サラリーマン漫画に出てくるペコペコする営業マンそのものです。

一方、そのペコペコする姿勢を見せつつも、顧客の話をまるで聞いていないのです。

顧客の課題をヒアリングしなければならないのに、そのたびに意見を否定したり、自分の考えを一方的に述べたりするのです。

仕事ぶりを見ていても、なんせ売りにつながらない行動だらけです。例えば、お礼のメールを書くにしても、いちいち長文。お礼状は感謝の気持ちを伝えつつも、商談につながる情報を加えるべきなのに、まったくその要素はないのです。

いつも笑顔で接するので、顧客とのリレーションも一見するといいように感じるのですが、そんなことはないようです。予算をあまり持っていない、彼に仕事を頼まない人だけと仲よくなるのです。予算を持っている顧客は彼のことを相手にしないのです。

「まず、目の前の仕事をまともにやってほしい……」

まわりのそんな期待もなかったかのように無視して、彼は今日もビジネス書を手にとり、勉強会に足を運ぶのです。喫煙ルームで、新しいコンセプトを受け売りして熱弁をふるいます。みんなの冷めた視線など関係ないかのように、です。

advice

ビジネス書で得た知識は、自分への応用、実行がカギ

この中村大介はビジネスパーソンとしての基礎がまるでできていません。彼は人材ビジネス系のベンチャーを渡り歩いているのですが、これらの企業は営業ノルマが厳しいことで知られる一方で、ビジネスの基礎を叩き込まれるという場面が乏しいのです。ビジネスマナーの点で、実は相手を不愉快にしている点に、早く気づくべきです。

そして、ビジネス書を読む、勉強会に参加するなどしても仕事ができるようにならないのは、学んだ内容を普段の仕事で活かさないからです。普段の仕事での活用の仕方がわからない、わかっていても実行しない、実行しても続けない……。

「勉強熱心」も何タイプかいます。彼の場合は、明らかに「逃避」に近いものです。もちろん、勉強は趣味としてのもの、教養を身につけるためのものという側面もあります。ただ、彼の場合、仕事で活かそうとしていて、活かしていないのですから、痛いのです。

そもそも論で言うならば、ビジネス書の著者は、経営者やコンサルタントが多く、基礎能力が高く、置かれている環境が違います。彼らが一般の私たちにも役立つ知識を紹介しようとするのですが、かなり丁寧に書いたところで、そこには差があるのです。

これを読み解き、自分に落としこむのには、考える力がかなり必要です。こうしてビジネス書を読んで成功する人としない人の差が大きくなっていくのです。

この手のビジネス書や勉強会が大好きな人というのは、「知識」は持っています。ただ、応用力がないのです。だから、ビジネス書を読んでも変われないのです。

Case 2

新人の頃、マナーが最悪だったが、揉まれる過程で成果を出していく大器晩成タイプ

「なんでこんな奴、採ったんだ？」

毎年、会社で必ずといっていいほどおきる会話です。有名大学を出ているのに、マナーがなっていない、社会常識がない、空気が読めない、ヤル気がない……。というタイプです。

京大卒というピカピカの学歴の高田健一もそういうタイプです。「京大卒がくる」と、配属先で話題になりました。どれだけ頭の切れる若者がやってくるのかという期待と、「自分たちに彼を使いこなせるのか」という不安でいっぱいでした。しかし、配属され

て一ヶ月でその期待と不安は「絶望」に変わりました。彼は面白いほどに世間知らずだったのです。言葉遣いから、マナーから、何から何までダメでした。

配属されてすぐ、まわりが唖然としたのは、彼の服装です。就活の時に使ったリクルートスーツをそのまま着ているのはご愛嬌だとしても、なんせ靴下が白。さらに、靴は泥だらけでした。さっそく、先輩から雷が落ち、コンビニに靴下を買いに行かされるハメに。

営業同行の研修でも、「ぶっちゃけ申し上げまして……」など、若者言葉を連発します。寝坊をし、焦って独身寮からタクシーに乗って会社に向かい、ますます到着が遅れるというハプニングも。

仕事においては何でも「どうしてですか?」「なぜですか?」としつこく質問をし、上司・先輩を疲れさせる始末です。

きっとここまで読んで、彼はその後もミスだらけの新人時代を送ったのではないかと思うでしょう。それが違うのです。彼はしばらくの間、毎日のように粗相をし、先輩たちに叱られる日々を送っていたのですが、その後、メキメキと成長しました。叱られた点をしっかり反省しました。マナーも学びました。営業のツボもしっかりとおさえ、気づけば、その年の営業部の新人賞は、彼が受賞していました。

数年後、彼は同期トップで課長になり、入社時の上司、先輩のうち数名は彼の部下になっていきました。入社時は「これが京大卒か？」とまわりを驚かせた彼ですが、今度は驚異の出世でまわりを驚かせたのでした。

いったい、彼のどこが優れていたのでしょうか。

advice

そもそも新人はマナーを知らないという前提

高学歴男子なのに、マナーも社会常識もわからない。でも、途中で大化け……。大手企業を中心に、こんな人をよく見聞きします。これは「マナーや社会常識もなっていない若者を採ってしまった」という話と、「有名大学卒業なのに、ダメ新人だと思っていた人が、大化けした」という話に分解できます。

なぜ彼が採用されてしまったかについて、考えてみましょう。これは京大だったからという部分が大きいでしょう。いまだにSクラスの大学、特に旧帝大クラスでその中でもトップクラスの大学は有利なのです。

大手企業の場合、大量の応募者を現場の課長などが面接官となり、さばいていきます。京大などの有名大学の学生は、見栄えがよいのです。面接官も実力以上に高評価をしてしまいます。学生のレベルではなく、ラベルを見ているのです。大手企業は有名大学出身者が多く、自分と同レベルかそれ以上の大学を出ている人たちを実力以上に評価してしまう連鎖があるわけです。

次にこうして採用された彼が、マナーと社会常識がないのにも関わらず、なぜあとで化けることができたのでしょうか。

まず、マナーと社会常識ですが、たいていの場合は、「知らないだけ」です。今時、よっぽど厳しい家庭か、ミッション系の学校、体育会などの出身者、きびしいアルバイトをしているか、あるいは逆に暴走族かヤンキーでもない限り、マナーなどは知らないものです。覚えればできるものなのです。

高学歴層は、継続的に学習する能力があります。彼は「なぜですか?」と何度も聞いて、上司や先輩をイライラさせたのですが、このような本質直球質問を繰り返す人は、最初はのびないものの、入社三年目くらいからメキメキと成長するのです。物事の本質を理解しようという姿勢が身についているからです。

逆に、新人時代から物事をチャキチャキとこなしていくようなタイプは、途中、のび悩むことがあるのです。市場や顧客の本質的な課題に気づかないからです。

彼はラベルとレベルの差があり、それを継続的な学習によって埋めていったケースです。そして、マナーは知らないだけのことがあるわけで、その時の状況だけで判断してはいけません。

Case 3

頭まで筋肉でできているが、なぜか営業成績はいい体育会人材

求人広告代理店の営業部で働く武田正人は、身体が大きく、いかにも体育会系です。まるでプロレスラーのようなガタイです。中学校時代はサッカーで活躍し、高校時代からアメフトを始め、レギュラーで活躍しました。入社後も社会人アメフトチームに参加し活動してきました。真性体育会男です。今でも筋肉のついたがっちりとした体をしています。短髪で精悍です。

そんな彼は、自らを「体育会バカ」と呼びます。高校時代から、本当にスポーツ一筋できたからです。大学はスポーツによる推薦入学で、最初に入った会社もスポーツ枠で

した。しかし、七年前に引退し、現在の求人広告代理店に転職したのでした。まわりの社員たちは彼のことを「頭まで筋肉の男」だと評価しています。

彼は、猪突猛進で突き進むタイプです。彼の会社は、大手求人情報会社が発行するアルバイト・パートなどを募集する求人情報が載ったフリーペーパー、求人情報サイトなどの代理店をしています。商品特性上、どんな企業でもニーズがあります。営業スタイルは、とにかく気合いと根性でゴリゴリいくものです。

武田は、商品知識があるわけではなく、いつも客先でも「お調べします！」を連呼します。その後はオフィスに電話をし、スタッフたちを質問攻めにするのです。スタッフたちも「またか」と思ってしまうのですが。

ただし、営業成績は悪くないのです。全社表彰なども受けています。ただ、いかにも体力勝負という感じがするのが、ツッコミどころです。最近、課長代理に昇進し、チームを持ちつつ自ら営業していますが、鬼軍曹マネジメントをし、メンバーは戦々恐々としています。「おい、やれ！」の一言で、ひたすら飛び込み営業などをさせるのです。一日五件訪問の他、合間には二〇件の飛び込みをメンバーに課しています。まるで軍隊です。そして、自分自身でもわからないことがいっぱいで、メンバーやスタッフに聞くという始末……。

こんな頭まで筋肉な男はなぜ評価されるのでしょうか。管理職になったあと、どうなるのでしょうか。

advice

「頭まで筋肉」な人間には未だに価値がある

企業は体育会系が大好きです。仕事には体力が必要です。会社は理不尽なことだらけです。そして、競争の連続です。これらの要素が全部詰まっているのが体育会です。

もちろん、体育会人間に対する批判の声はあります。じっくり考えないのではないか、上下関係がはっきりしているだけで意外とラクなのではないか、実は勝負弱いのではないかなどです。言うまでもなく、どんなチームにいたのか、ポジションは何だったのか、どう頑張ったのかなどを見ないと、実際の力はわかりません。

ただ、体育会系人間の時代は終わったなどと何度も言われつつ、未だに採用市場ではそれなりの評価を受けています。それは企業社会とはマッチするからです。もっというと、ある業界や職種とはマッチします。

彼はアルバイトやパートを中心とした求人情報フリーペーパーの営業をしています。この仕事はまさに猪突猛進型で彼のような体育会人間にぴったりなのです。ずばり、行動の量がモノを言うのです。いかに多くの取引先から受注できるかが鍵だからです。彼のように自らの行動量が多いタイプ、メンバーにしっかりやらせるタイプがマッチするのです。考える力は弱いのですが、とはいえ、それは組織内の他の人が協力することで解決可能です。

もちろん、課題はあります。この求人フリーペーパーは現在、成長段階にあって、行動量が売上につながるステージです。これが成熟段階になったら、よりきめ細かいサポートや、提案が求められるようになります。より、高いポジションにつくならば戦略性も大事になってきます。環境の変化、個人の役職の変化で評価はまた変わるのです。

Case 4

賢くはないが、なぜか業績がよい美人女子

会社には「かわいいだけの人」というのがいます。ルックスはよく、愛嬌もあるのですが、はっきり言って、頭がよくないのです。仕事ではミスだらけで、自分で考えることができないので、まわりの人に何でも聞いてしまうのです。すぐに試合放棄しそうになり、まわりが振り回されます。

大手文房具メーカーで働く石井明子もそのひとりです。内定者時代から、「顔採用」と言われてきた彼女は、たしかに美人であり、学生時代はモデルをしていたそうです。昔からモテまくっていて、彼氏が途切れたこともありません。

ただ、いかんせんあまり頭がよくないのです。マナーはさすがにわかっているものの、一般常識がまるでなく、自分で考えようとしません。

彼女は、「何かやってくれそう」なオーラを醸しだしていて、企画担当に配属されたのですが、まともに企画ができるわけありません。企画書を書けと言ったところで「わかんなーい」と可愛く言い出して、上司や先輩、外部のブレーンが手伝わされる始末です。いつの間にか、自分はほとんど働かずに、企画書ができているのです。

こんな彼女は、いつも男性の社員や取引先に甘えるので「脈があるのでは」と勘違いされることも多いです。彼らからはよく飲みに誘われ、妻子持ちの男性に口説かれる始末です。彼氏は常にいるのですが、飲みに誘われるのは悪い気がしないので、よくついていき、そのたびに勘違いされるのです。

まわりの人に支えられて、今日も石井は生きています。その成果なのか、自分はほとんど考えず、まわりの人を巻き込んで作った商品がスマッシュヒットとなりました。ビジネス誌などでも話題になり、ついには「企画者は美人」という触れ込みでメディアにも登場してしまったのですが、記者はあまりのバカさ加減に唖然としてしまいました。立ち会っていた広報担当者の顔はひきつっていました。

当然、まわりからは「かわいいだけだろ」と嫉妬もあるわけですが、今日も石井はあっけらかんとこう叫びます。
「私、わからない！」

advice

見た目だけで伝えられることがある

真面目な人は、彼女のような人が大嫌いでしょう。「顔だけじゃないか」「ちやほやされやがって」「頭悪すぎ」と。ただ、見方を変えてみると、実はこの方は、優秀社員です。みんなを巻き込んで仕事をし、成果を出すという意味では、彼女は極めて優秀なのです。

逆に彼女のことを「かわいいだけだ」と思っている人は猛反省する必要があります。そのような人は仕事とは何かをまったくわかっていません。仕事は自分ひとりでやるものではないのです。特に真面目な女性に多いのですが、何でも自分でやろうとする人はのびません。それでは会社で働いている意味がありません。会社の仕事というのは、みんなで成果を出すことに意味があるのです。石井はそれができているのです。だから、極めて優秀なのです。

そして彼女の武器は、美しさなのです。みなさんも美人、イケメンというだけで「この人の話なら聞いてみよう」という気分になりませんか？　実はここが大きなポイントなのです。

もちろん、ルックスだけでなく、人間としての可愛さが必要です。石井明子は、プライドをかなぐり捨てて、「私、わからない」「教えてください」と言っている点で可愛げがあり、謙虚なのです。

世の中には嫌な美人という人たちもいます。可愛げがなく、人に厳しく、プライドが高いのです。この手の人は三〇代以降になって、管理職が見えてきた頃にのび悩むものです。

石井は人を巻き込み、ヒット商品を作っています。実にあっぱれです。今後は彼女に対する風当たりはますます強くなるかもしれませんが、その逆風がまた彼女を育てることでしょう。

Case 5

媚びているわけではないのに、妙に社長に気に入られる人

ビジネスパーソンの中には、どちらが客なのかわからないくらいに、態度が大きい人がいます。しかし、相手に嫌われるのではなく、むしろ好かれるのです。しかも、著名人や企業の社長に好かれるのです。難攻不落と呼ばれる人から、自社で著書を出す契約をとってくるのです。

柳田明夫はまさにこのタイプです。彼が好かれる理由は、包み隠さず、本当のことを伝えるからです。

彼は、人と会う前に予習を欠かしません。先方に関する資料を探し、必ず読み込んで

から打ち合わせに臨みます。当たり前のことのようですが、彼は本当にありとあらゆる資料を集め、読み込むのです。本人が覚えていないような、業界紙でのメディア露出などもちゃんと押さえているのです。

彼の打ち合わせは必ず相手を褒めることから始まります。「○月○日の日経でのインタビューを拝読したんですよ……」思うことをとうとうと述べるのです。相手が食いついてくるまで褒めるのです。ここまで調べると、相手も上機嫌になり、話し出します。

ここで、彼のズバリ一言が炸裂します。「これまでのインタビューでおっしゃっていたことは面白いのですけど、ファンが聞きたいのは、Aさんの苦労話じゃないですか?」「これまでの本には○○先生のノウハウを読者が使うための具体的なヒントが足りないのです」など、かなり思い切った言葉をぶつけるのです。柳田の仕事の進め方はまるで「インテリヤクザ」のようですが、これで大御所著者からの契約を何件も決めています。

いったい、彼の仕事は何がすごいのでしょう?

advice

コミュニケーションは、相手の心を読まなければならない

柳田は解釈によっては、空気を読まない不良サラリーマンそのものです。そんな彼が著者から支持を得られているのはなぜでしょうか。

彼は本当に空気を読んでいないのでしょうか？　違います。むしろ、彼はとても空気を読んでいます。相手の感情を読んでいます。相手が今、自分に対してどのような感情を抱いているのか、どこまでなら怒られないのかを熟知しているのです。

経営者や著名作家などの「偉い人」にはこのような、一見生意気なようで、直球のコミュニケーションが有効なのです。人は偉くなったり、年をとったりするとまわりからはっきりした意見や感情をぶつけられなくなります。そんな中で、社長や著者など社会的ステータスが高い人にとって、このようなタイプはむしろ重宝されるのです。

「正直、あの頃の御社にはがっかりしていました」

「最新作は、面白いですね。Bさんの作品で言うと、これまでに三番目に好きでした」

空気を読まない発言のようで、このような直球の問いかけというのは、偉い人には響くのです。どのような話し方をすれば、同じことを言っても受け入れられるのかがよくわかっているために、他の人では言えないような図々しいことも言えるのです。

もう一つ、学ぶべきことがあります。それは、彼は人と会う前にひたすら予習をしていることです。この「予習」というものも、実は立派なコミュニケーションの一つです。相手と気持ちよくコミュニケーションするための、前提構築につながるからです。

特に偉い人ほど、「よく調べてきてくれているな」「自分に興味を持ってくれているな」と感じるものです。これは、別に彼のようなメディア関係者ではなかったとしても、相手が経営者や著者じゃなくても、普通の営業マンが営業先に対して行うべきことなのですが。

相手のことをよく理解して、適切なボールを投げる、空気を読まないようで、適切なコミュニケーションをとる。これが、彼の成功のポイントです。

第4章

楽しく働くための仕事術

35 大掃除は仕事に役立つ

年末年始は大掃除シーズンです。女性誌などでも片付け特集が組まれたりしています。このシーズンは、自分の仕事を見直す機会でもあると思います。大掃除をしつつ、普段の仕事の効率について考えてみるといいでしょう。

しかし、私はこのシーズンもいつもと同じ。あまり焦りません。というのも、普段から整理・整頓のルールを自分に設けていて、それを徹底しているので、あまり捨てるものがないからです。

仕事場である自宅の書斎も大学の研究室も、私の机の上にはほぼ物が置かれていませんん。あるのはパソコンと、コードレス子機と、スマホの充電スタンド、それにテーブルランプくらいです。これ以外は何も置きません。仕事を始める時に必要な資料、書類などを取り出し、終了したらゴミなどを捨てた上で、すべて元の場所に戻します。文房具も必要なものを仕事の際に取り出すことにしています。引き出しごとに物の置き場所も決めています。

本棚の置き方も、私は考えぬいた末、文庫と新書は、「岩波文庫」「中公新書」などレーベルごとに同じ判型のものを並べることにしました。単行本に関しても、「雇用・労働問題」「キャリア論」などジャンルごとに棚を分けつつも、やはり同じ判型、しかも可能な限り同じ出版社のもので並べるということにしています。見た目の美しさ、わかりやすさを重視したのです。だいたいこれで、どの本がどこにあるかわかります。

書類に関しては、スキャナとクラウドツールが優秀なので、どんどんスキャンしてテキスト検索可能なPDFにし、クラウドに保存するようにしています。多くの書類はこれで困らないものです。そのため、手元には紙があまり存在しない状態になっています。

このように、物がすっきりしていると、頭の中もすっきりします。効率もアップします。仕事をするという行為自体が気持ちよくなるのです。あまりにもスッキリしすぎていて、本当に働いているのかどうか疑われることもあるのですが。

まずは、大掃除シーズンに焦らないように、普段からスッキリした状態での仕事を心がけたいものです。

私も以前は、机の上がゴミの山とからかわれるくらいゴチャゴチャした状態で働いていました。なんとか紙を押しのけて仕事をするスペースを作っていました。

私が変わったきっかけは、トヨタ生産方式との出会いによることが大きいです。前述しましたが、リクルート時代にトヨタとリクルートの合弁会社の立ち上げを担当したことがありました。トヨタのものづくり現場で約四〇年間活躍した人を、トレーナーとして企業に送り込み、改善活動に一緒に取り組むことによって、現場リーダーを育成するというビジネスでした。

トヨタ生産方式といえば、ジャスト・イン・タイムを想起することでしょう。でも、それだけではありません。それを成立させるためには、ものづくりの基本ができていなければならないのです。たとえば「5S」というものがあります。整理・整頓・清掃・清潔・躾の略です。これらの言葉の頭文字をローマ字読みしたものですが、このまま海外の書籍にも出ているそうです。

その中でも最初の二つ、整理・整頓は有効なものです。意味は日常で使うものとは少し違います。整理とは要るものと要らないものを分けて要らないものを即刻処分するという意味であり、整頓は必要なものを決められた場所に決められたように置くことです。前者においては捨てるという行為が、後者においては場所がわかるように明示することが、それぞれ大事なのです。

特に、この捨てるという行為自体を習慣化できるか否か、これによって改善マインドが育つのだと私は考えています。まだ使えそうなもの、いつか役立ちそうなものを含めて、情け容赦なく捨てるのです。最初は「勿体ない」と戸惑うかもしれません。しかし、使わないものを手にしてしまった（あるいは、使わないものにしてしまった）自分が悪いのです。物を捨てるという行為によって、そのありがたみや、何を大切にするべきかというマインドが身につくのです。

別にジャスト・イン・タイム方式を導入するまでもなく、この整理・整頓を徹底するだけでも大きく生産性は上がるでしょう。現場の実態がわかりやすくなるし、動きやすくなるからです。実際、これだけで大きく生産性が上がった工場を何度も目撃してきました。

自分語りになってしまいましたが、この整理・整頓という考え方を身につけるだけでも、大きく生産性はアップするのです。

大掃除がもう終わったという人も、これからだという人も今一度、自分の仕事環境を見直していただきたいと思います。無駄がないか、徹底的に考えてみましょう。この大掃除という取り組みは、単に職場を綺麗に保つ以上の意味があります。

ぜひ一度は机をひっくり返すくらいの勢いで、取り組んでいただきたいと思います。本当に、机の中のものを一度出してみるのです。きっと、見たくもないような古い書類、懐かしいものなども出てくるでしょう。書類は次々にスキャンし、物はどんどん捨てていきましょう。奥の方にあるものはたいてい要らないものです。

そのうえで、新たな置き場所を決めていくのです。さらには、自分で机のルールを決めるといいでしょう。例えば、一週間保存して使わない書類はスキャンして捨てるなどです。最近では、会議の資料などはイントラネットにアップされるようになっているので、極論、スキャンせずに全部捨ててしまってもあまり困らないのではないかと思われます。

机の上に一切物を置かないようにするにはどうすればいいかを考えると、さらに何が必要で、何が要らないかが見えてきます。最近では情報管理の徹底のため、机の上に何も置かない状態にしなくてはならない企業も増えているようです。

このように一度、すべてを出し、片付けることで、自分の仕事のクセを見直すことができます。さらには、以前あたためて眠っていた企画などを再発見することだってできるでしょう。自分だけでなく、組織運営の課題だって見つかるかもしれません。

というわけで、大掃除に今一度取り組んでみること、普段から机の上や中身の整理・

整頓を心がけることを強く提案します。気持ちよく働こうではありませんか。

36 読書術

読書氷河期です。全国大学生活協同組合連合会が発表する学生生活に関する調査の中に含まれている読書のデータが毎年話題になります。この本を書いている時点での最新版『第52回学生生活実態調査の概要報告』(二〇一七年二月発表)によると、読書時間ゼロの大学生が四九・〇%で、前年の四五・二%から三・八ポイント増えています。大学生の一日の読書時間は平均二四・四分、有額平均四八・六分で、前年からそれぞれマイナス四・四分とマイナス四・三分となりました。大学生の読書離れと言われる現象です。

もっとも、社会人は読んでいるかというと、そうでもありません。実は社会人の読書に関するデータは意外にもあまりありません。マイナビフレッシャーズが二〇一五年に調べた社会人の読書量に関するデータでは、一ヶ月の平均読書冊数は二・五八冊、読んだ冊数の分布では〇冊が三六・一％でした。

やや古いデータですが、リクルートワークス研究所の『ワーキングパーソン調査2010』によると、ビジネスパーソンの一ヶ月の読書量は平均で二・八冊でした。一〇冊以上読んでいる人は六・七％いるものの、実は最も多いのは〇冊の人で、二三・三％を占めました。さらに、一冊の二二・三％、二冊の一八・三％と続きます。学生も読んでいないのですが、社会人も読んでいないのです。

あえて言いますが、私は、読書をする意義が、これほど高まっている時代はないと考えています。読書から得られるものは大きいです。買ってでも読みたいと思えるような情報が、一冊にまとまっているのです。時代を超えて、ソクラテスやアリストテレスと会話することだって可能です。図書館や古本屋も以前より進化しています。今の図書館はネット上で検索し、予約することができるのです。ネット書店を利用すると、全国から安価にほしい本を探し出し、購入することだってできます。電子書籍も徐々に普及してきました。タブレット、スマートフォンなどでも読むことができ、値段も安いことが多く、時にはバーゲンが実施されます。一部は無料のコンテンツすら存在するのです。

飲み会に五〇〇〇円払って行っても、いつものメンバーで、いつもの会話で終わってしまうかもしれません（それでも、お互いの存在を確認しあうのには意味があるのですが）。しかし、本に五〇〇〇円かけると、得られるものは大きいはずです。もちろん、駄本もあるのですが、とはいえ、批判的に読むことで得られる視点はあるはずです。

自分磨きに関心のある人は、今一度、読書の価値、意味を再確認しておきたいです。

どんな読書にだって意味があります。だから、とにかく闇雲に目の前にある本、興味のある本を読むというスタイルを私はまったく否定しません。とはいえ、大人の読書なのだから、戦略のようなものを持っておきましょう。

特に意識したいのは、読書のバランスです。これについては、例えば、次の二つの軸で整理できます。まず、仕事に関係ありそうか、関係なさそうかという軸です。次に、新しい本か、古い本かという軸、です。

一度この軸で整理してみましょう。もちろん、仕事に関係ある本（ビジネス書や、自分の業界・企業に関係ありそうなもの）、仕事にまったく関係ない趣味の本（例えば、流行りの小説）など比較的新しいものの比率が、高くなりがちであることは仕方がないことです。ただ、最近の本だけではなく、少し前の本や、ずっと読み継がれている傑作なども読むことをおすすめします。

中には一見すると仕事に役立たなさそうで、実は役に立つというものがあります。例えば、歴史文学などは、リーダーシップ、マネジメントなどの参考になるし、文章としても優れているのでドキュメント作成のヒントにもなりそうです。

古い本を読むということは、私が強くすすめる読書術です。時代を超えて残っている本、少し前の本というものを読むことにより、ずっと変わらない本質的なもの、普遍的なものについて考えるヒントになるのです。個人的には、雇用・労働関連、キャリアに関する少し前の本を読むことを大事にしています。時代が変わっても、変わらないものとは何かに気づくきっかけになるのです。特に、日本的雇用慣行に関する議論などは、いつの時代も終身雇用、年功序列批判が行われていたことなどがわかり、今メディアで論じられていることが新しそうで、そうではないことに気づき、世の中を冷静に直視するキッカケとなります。

なお、新作ではない本は、古本で手に入れやすいこともおすすめのポイントです。中には価値が上がっていて高いものもありますが、基本、安く手に入れることができるのです。ここでは、あえて状態があまりよくない本を買うことをおすすめします。というのも、その方が前の持ち主がひいた鉛筆の線なども残っており、どこが読者に響いたのかなどがわかるからです。

このようにバランスを考え、特に古い本を読むことを意識し、戦略的な読書を行いましょう。

読書のコツで大事にしたいのは、書店、図書館に通うという行為です。書店や図書館は、どちらも生き物です。通うだけで情報感度は高くなります。

特に書店においては、毎日、並ぶ書籍は変わります。毎日のように新作が出され、売れ行きに応じて、売り場での置き場所などが変わるのです。ランキングだって変動します。何が売れているのかをチェックするだけで楽しいのです。

情報感度をアップさせるためにも、勉強のためにもおすすめしたいのが、「毎月一万円」というように、予算を決め、本を買うことを習慣化することです。別に読まなくてもいいのです。いわゆる「積ん読」も立派な読書です。本を書店で表紙や目次を見て比較検討し、買うという行為だけで立派な情報収集になっているのです。

このように、本を比較検討し、買い続けるという行為にまずは取り組んでみましょう。どんな駄本であろうと、役に立つ部分はあります。一冊の本からどうやって自分と、所属する部署に役立つものを引き出せるか考えることです。これを習慣化しましょう。大人の読書の鉄則です。

本を読んだら一行や二行、役に立つ文章はあるはずです。さらに、読んで感銘を受けるだけではなく、どうやったら活かせるかについて考えてみましょう。

部下、後輩がいる人は、本を配るという行為も強くおすすめします。自分の考えていることを組織に理解してもらうキッカケとなり、感謝されるでしょう。

さらには、書籍は上司との会話の話題にもピッタリです。書籍を紹介しつつ、最近の問題意識を伝えてみましょう。

読書離れの時代だからこそ、逆張りで読書をする。このことが、成長につながるのです。

37 今どき、英語を学ぶ意味とは？

突然ですが、みなさんは英語の勉強をしていますか？　私は、しています。なぜ、英語を学ぶのでしょうか？　最も大きな理由は、「業務上、必要になったから」というものです。

二〇一五年四月から千葉商科大学国際教養学部の専任講師となりました。私が担当する科目は経営学やキャリア論などであり、英語の先生をするわけではないのですが、とはいえ国際系の学部の教員の端くれとして、英語ができないことはかっこ悪いと思ったのです。

この学部は、留学がマストです。教職員は提携校とのやりとりもしなくてはなりません。ここでも英語力が必要となります。

研究活動においても、英語の論文を読まなくてはいけません。将来は英語で論文を書くことを夢みてます。

私が英語の勉強を始めたのは、以上のような理由からでした。言ってみれば、「やらざるをえない」状態だったと言えるでしょう。

世の中はグローバル化の大合唱です。実際、日本企業のビジネスは世界に広がっています。国内のビジネスも、原材料などの調達において世界とつながっているのです。国内にやって来る観光客も増えました。ある年、勤務先の大学の新入生研修として、入学式を終えた学生をそのまま上海に連れて行く企画がありました。よく日中関係の悪化が報道されますが、これほど中国と日本がビジネスをしている時代はありません。日本に観光に来る中国人の数も増え続けていると聞いています。ホテルが足りない状態になっていて、いまや東京ではビジネスホテルが一泊三万円という日があるくらいです。いわば、世界で働く、世界と働く、世界をもてなす時代になっていることを感じるのです。

そんな中、英語を公用語化する企業や、採用や昇進・昇格の際にTOEICで一定以上の点数を求める企業などが現れています。このような流れの中で、「英語を勉強しなくちゃ……」と思っている人もいることでしょう。

ただ、少しだけ冷静になってほしいと思います。勉強熱心なのは結構なことですが、人間は切羽詰まれば、なんとかしてしまいます。つまり、なんとなく「英語ができるようになりたい」と思っているレベルでは、いつまで経っても上達できません。業務上、本当に英語が必要なのでしょうか？

自分が本当に英語の勉強をする必要があるのでしょうか。立ち止まって考えてみてください。強い動機があるのか、あるいは必要に迫られているのか、いずれかでなければ、英語の勉強は続きません。また、別にTOEIC九〇〇点台レベルの英語力がなくても、国際的な業務は可能です。グローバル化に必要なのは、オープンなマインドと勇気です。

「本当に英語は必要なのか？」ということを問いかけていてなんなのですが、とはいえ、私はそれでも英語は勉強しておいた方がいいと思います。漠然としたグローバル化対応や、転職に有利になるなどそういう理由からではありません。英語ができれば、世界の情報源にアクセスできるからです。

今ほど、メディアの信頼性が問われている時代はありません。数々の誤報や捏造の事件がそれを物語っています。政権からは「圧力」とも捉えられかねない、「客観的な報道」の「要請」がきているのです。メディアには自主規制のムードが漂っているのではないでしょうか。もちろん、報道というものは人が伝えるものですから、完全に客観的にはなりえないでしょう。そのため、比較検討することが大事なのです。例えば、今ほど新聞の読み比べが大事な時代はないと思われます。その際に、国内の報道だけではなく、世界の報道まで視野に入れて読み比べてみると、より多面的にニュースを捉えることができます。政治や経済のニュースだけではなく、自分の仕事に関係する世界の報道をそのまま読むことができるのです。だからこそ、英語力は鍛えるべきです。

英語によってできることは、読書や音楽、映画といった趣味にも役立ちます。翻訳には微妙にニュアンスが違うことがあるからです。どうしてもわからない言葉や、スラングなども出てきますが、調べる過程で文化の違いを味わうことができます。また、韻の踏み方なども味わうことができるのです。

英語よって人生を豊かにすることができます。なので、仕事のため、転職のためなどと焦らずに、楽しいからこそ学びたいものです。そのような姿勢も大切にしてほしいと思います。

英語の勉強を再開したばかりの私に言われたくはないと思いますが、ここで私の英語学習法を紹介しましょう。ポイントは、やさしいことを徹底的にやることです。

前提として、私の場合は、英会話ができるようになるだけではなく、英語の文献や論文を読むこと、さらには近い将来に英語で論文を書くことを目標としています。この力をしっかりとのばさなくてはなりません。

そのために、まず私は大学受験の参考書を買い直しました。旺文社の中原道喜『英文長文問題精講』です。本当は、『英文標準問題精講』を使っていたのですが、現状、新品で手に入るのはこちらでした。内容はあまり変わりません。受験界の名著だと思います。載っている文章も、著名な学者や、作家のものが多く、重厚感があるのです。これを一冊、まずは取り組むことにしました。

「日本人が、英語が苦手なのは、大学受験が詰め込み型だからだ」という批判がありますが、これは大間違いだと思われます。受験勉強でも十分に体系的に英語を学ぶことができるでしょう。自分にとって『英文標準問題精講』は、一度取り組んだことなので、復習した方が、効率がいいのです。

また、ビジネスパーソンの英語学習といえば、ＴＯＥＩＣのスコアアップなのですが、私はこれを「頑張りすぎない」ことにしました。というのも、これだけを頑張っても、私がのばさなければならないリーディング、ライティングの力がのびないからです。ゲーム的な要素も強いと感じています。ゆえに、これは定期的に受けるものの、任天堂３ＤＳで対策ソフトをやること以外、対策に力を入れすぎないことにしました。

さらに、趣味をかねて、普段から洋楽や洋画を、英語に意識しつつ楽しむということも心がけています。

今はこれ以上できないのでやめていますが、ＮＨＫのラジオやテレビの英語講座はよくできていると思います。昔も今も、日本の英語名人はこの番組を活用しているのです。最近では教材を電子書籍で購入できたり、音源をネットで聴くことができるようになったので、より便利になりました。コースも以前より増えたので、自分に合ったものも探しやすくなりました。

これはあくまで私の事例ですが、ぜひみなさんも自分に合った学び方で英語を勉強していただきたいと思います。

38

社会人と大学院

「大学院に入り直そうと思っているのですよ」

会社員の方から、そんな相談をよくいただきます。私自身、三八歳で一度、会社員を辞め、大学院に入り直した経験があるためです。なぜ、その年で大学院の門を叩いたのでしょうか。それは、自分の限界を感じていたからです。

私は三三歳で、当時は大手企業に勤めつつも著者デビューし、それなりのヒットにも恵まれました。会社員としての仕事も充実しており、いつも書籍や連載の執筆で忙しく、常に講演依頼もありました。企業社会の知を若者に還元したいという想いがもともとあったのですが、おかげ様で大学の非常勤講師をすることもできました。自分で言うのもなんですが、一番「売れっ子」だった時期の一つだったと思います。

しかし、何かが足りないという想いがあったのです。よくも悪くも経験でモノを言っていたように思います。その経験も、あまりの忙しさから、使い果たしてしまっていると自分では感じていました。大学の非常勤講師をしていれば、そのうちどこかの大学からスカウトされるだろうと思っていたのですが、やはり学位は必要だということに薄々気づき始めたのです。

そこで、大学院進学を決意しました。ネットで母校の募集要項を見たところ、社会人特別枠というものが存在することに気づきました。タイミングがギリギリだったのですが、成績証明書など応募に必要な書類を取り寄せ、願書やレポートを作成しました。最後のレポートは、作成後、近所の郵便局からでは間に合わないことに気づき、大学の近くの大きな局に行き、速達で出しました。書類選考は通過しましたが、面接ではかなり突っ込まれ、また英文読解などもボロボロでしたが、なんとか合格しました。

当時勤めていたベンチャー企業には、時間限定勤務で勤め続けることも可能でしたが、いい区切りだと思い、退社し、フリーランスになりました。こうして、三八歳所帯持ちフリーランスの奇妙な大学院生活が始まったのです。

もともと企業の採用担当者として、そして大学の非常勤講師として、日常的に大学にお邪魔していたのですが、いざ大学院生となって、中から見てみると、見える光景はなかなか新鮮でした。二三歳の「同級生」と机を並べて学ぶという体験も、です。

大学院生時代も執筆や非常勤講師の仕事をしていたこともあり、大学院に行くのは週に二日から三日でした。外せない仕事が入っている日以外は、サボらずに大学に行きました。おかげ様で、学部時代よりも成績はよくなりました。そして当時、いかに時間を無駄にしていたのか反省しました。

いつも教える立場だったので、人から学ぶことは新鮮でした。自分の教え方について猛反省したりもしました。教え方が上手ではないと感じる先生も、個別に質問すれば有益な答えが返ってきます。学生時代は、この手の先生は、単に「面白くない大人だな」と思っていたものでしたが、自分が大人になったということでしょうか。

講義も、企業提携型のものが多数ありました。私が在籍していた頃、研究科には、朝日新聞やニフティが提供する講座がありました。ゲストスピーカーにも、社会の最前線で活躍する人が来ていました。私は、論者として世に出ていたので、院生でありつつ、講義のゲストスピーカーに登壇するなど、ねじれた生活を送っていたのですが。

私が学生だった九〇年代よりも、図書館のシステムなどは使いやすくなっており、教室にはWi-Fiが飛んでいて、いつでも使うことができます。共同研究室も充実していました。二四時間オープンしていて、一部の学生はそこにこもっていて、不夜城と化していました。

私が通っていた社会学研究科はそうでもなかったのですが、ＭＢＡコース、公共政策関連のコースなどは社会人が多数いました。中には、定年退職した後、学び直しのため、その後の人生は研究に没頭するためにやって来た人もいました。

通っていたコースの七割は他大学出身者でした。中には基礎学力が怪しい人がいたことも確かですが、みんな、一生懸命でした。

後述の通り、私は、会社は辞めても仕事は辞められなかったので、忙しい毎日となり、十分に勉強できず、修士論文などはボロボロだったのですが、なんとか二年で修了することができました。大学院の修了式は、学部の卒業式のように、ハッピー一色なものではなく、かといって、しんみりしたものでもなく、今後の厳しい社会に一歩踏み出す強さを感じるもので、なかなか充実していました。これが、私の大学院生活でした。

ここで、大学院で得られるもの、行く際のコツについて考えることにしましょう。結論から言うと、「ご利用は計画的に」ということです。

ミーハーな目的で行くことも、おすすめはしないのですが、アリではあると思います。変わるキッカケにはなるからです。ただ、やはり目的意識を持って行くべきだと思います。その際に気をつけることは、大学のブランドもそうですが（これは決して否定しません）、何を学びたいのか、何を得たいのかということがポイントとなります。さらに言うと、どの先生から学ぶのかということにこだわるべきです。なので、かなり具体的に調べた方がいいでしょう。

学ぶ態度としては、社会で得られた経験は大事にしつつも、いったん手放すくらいの気持ちでいた方がいいと思われます。というのも、大学院は、常識を手放したモノの見方、理論を身につけられることがいいところであるのに、単に経験で語るだけでは成長がないからです。年齢が自分より若い先生や学生もいるのですが、リスペクトを忘れてはいけません。

何よりもお金と時間は確保しておくべきです。理想を言うならば、完全に勉強に専念する時間を作った方がいいでしょう。集中するためという意味も含めて、海外の大学院に行ってしまうのも一つの手だと思います。

私は、会社は辞めたのですが、仕事を辞めなかったのがよくありませんでした。在学中も全盛期は月二〇本の連載を持ち、週八コマ講義を持ち、週に二、三本のペースで講演をしていました。さらに、二年間で一四冊の本を出しました。書いていて気持ち悪くなってきたくらいです。振り返ると、院生時代の二年間は人生で最も働き、稼いだ期間になってしまっていたのでした。かけがえのない二年間なのにも関わらず、です。

最後に、単に大学院に行っただけでは何も変わらないということをお伝えしたいと思います。大学院に行けば何かが変わるのではないか、箔がつくのではないかというのは、勘違いです。むしろ、何のために行くのか、行った後は、そこで学んだことをどう活かすのかについて考えた方がいいでしょう。何よりも、学ぶ時間を確保しましょう。私のような失敗をしないためにも……。

39 記録を振り返ってみる

子供の頃、早く大人になりたいと思ったことはないでしょうか。大人になったら、お金を自由に使えるので、ほしいものが手に入りやすくなると思ったことがきっとあることでしょう。「大人買い」という言葉がありますが、これは子供の頃の夢を実現するという意味も含んでいるといえます。

この「昔、できなかったことができるようになる」というのは、単に自分の加齢や成長によるものだけではありません。仕事においても、社会や会社の変化により、以前は不可能だったことができるようになることもあるのです。

ある日、私は以前勤務していた企業の社内の新規事業コンテストで、自分がどんなビジネスプランを提案していたかを思い出してみました。驚くべきことに気づきました。私が会社員時代に、この手のイベントで提案したアイデアの多くは、その後、何らかのかたちで世に出ているということです。以前の勤務先で実現したものもあれば、別の会社から出てきたものもあります。

もちろん、私がそんな企画を提案していたことを、彼らは知るはずもありません。今思うと、私の企画書も稚拙でした。新規事業提案書として成立していないレベルでした。アイデアを拾ってくれなかった当時の勤務先を批判するつもりはまったくありません。

ただ、このように「以前は無理だった、やりたかったことが、今ならできる」ということがあるのだと、意識するべきです。テクノロジーの進化、ニーズの変化、業界内の競争関係の変化、規制緩和、グローバル化など、なんらかの変化によって、夢が実現することがあるわけです。当然、これはビジネスチャンスになります。

特にＩＴを中心としたテクノロジーの進化には目覚ましいものがあることは言うまで

もありません。昔、SF作品の中で描かれていたようなことが、いまや普通の消費者が手にしているデバイスで実現可能な時代です。それこそ、アップル社のApple WatchやiPad、iPhoneを見て、昔のその手の作品を思い出した人も多いことでしょう。そして、このデバイスをもとに、新しいサービスはどんどん生まれていきます。

この「以前、やろうと思ってもできなかったことが、今ならできるかもしれない」という考え方は、別に新規事業を作るという大きな話だけではありません。普段の営業などにも活かすことができるのです。

営業部にいた頃の先輩で、絶対に目標を外さずに達成し続けた人がいました。彼の秘密兵器は、手帳でした。営業目標の達成に向けて、数字に困ったら、手帳を読み返すのです。そこには過去に成立しなかった商談が山のように眠っているのでした。その時から時間が経っているがゆえに、例えば自社の商品・サービスが進化していて導入上の課題が解決されていたり、先方の状況も変化していたりするのです。導入に難色を示していた先方の管理職が異動や退職などにより交代していて、方針が大胆に変わっていることだってあります。このように、手帳を読み返すという行為は、次のビジネスにつながるものなのです。

関連して、以前、失敗した企画が今なら成功する可能性があるということも考えておきたいところです。自社はもちろん、他社の企画にしろ、「ちょっと早すぎて失敗した商品・サービス」というものは、なぜダメだったのか、どうなったら成功する可能性があるのかと考えておくとよいでしょう。その時点で失敗して、笑い話になったとしても、将来はどうなるかわからないからです。

私は以前、エンタメ業界にいたことがあるのですが、そこで語り草になっていた失敗商品がありました。それは、バンダイの「ピピンアットマーク」という商品です。正確には、当時存在したバンダイ・デジタル・エンタテインメントとアップルが共同開発した商品でした。

約二〇年前、一九九六年の三月に発売されたこの商品は、モデムを搭載し、アップル社のCD－ROMを読み込んで遊ぶことができる上、インターネットまで楽しめるものでした。一台で何でもできるのです。

ここまで読んですでにおわかりになった人もいることでしょう。そう、時代に対して早すぎたのです。インターネット元年と言われたのが一九九五年です。ただ、その頃もあくまで元年であり、企業の社員にパソコンが一人一台になり、人々がメールアドレスを持ち始めたのは、それから数年後でした。まだ、インターネットとは何物かわからない時代だったのです。

結果として、これは日本の、いや世界のエンタメ史に残る大失敗となりました。売れたのは四・二万台程度です。世界一、売れなかったゲーム機だと言われています。バンダイはこれにより多大なる赤字を出してしまいました。

当時はこの件は失笑の対象でしたが、今はＰＣやタブレットはもちろん、家庭のテレビもネット対応していることがありますし、AppleTVなどに代表される、テレビにつないでネットのコンテンツを楽しむ端末も人気を呼んでいます。早すぎたということでしょう。

早すぎたゆえの失敗は笑い飛ばすのではなく、なぜ上手くいかなかったのか、そこから何を学べるか、考えるべきでしょう。さらに言うならば、失敗したビジネスでもタイミングさえ合えば、成功する可能性があるわけです。そのビジネスはいつなら成功しそうなのか、考えてみるといいでしょう。

もう一つ、振り返ると言えば、自分史です。これを記し続け、時に振り返るのは自分の成長の軌跡を知る上でも、強みや弱みを知る上でも有益です。

九〇年代半ば以降に大学を卒業した人なら、就活の時に経験している人も多いことでしょう。そう、いわゆる自己分析の自分史分析法、ライフラインチャート分析法です。実は、就活に「自己分析」という手法が浸透していったのは九〇年代半ばなのです。この自己分析は、学生よりも社会人がやった方が意味のあるものとなります。振り返る対象が明確だからです。

「自分史」というと大げさですが、まずは自分の日記か、それに相当するものをつけることを習慣化しましょう。といっても、大げさなものではなく、ソーシャルメディアのログでも、毎日、手帳に何か自分にしかわからないことばでいいので記録するだけでも意味があります。これを定期的に読み返してみましょう。

転職を考えていても、いなくても職務経歴書を作成し、アップデートし続けることもオススメします。これも立派な自分史です。このアップデートするという作業は、別に、新しい仕事を経験したら加筆するというだけではないはずです。過去の仕事に対する解釈が変わる瞬間があるので、その点も加筆するのです。例えば、若手時代に営業担当だった時期について「ビジネスの基礎スキルを学んだ」と簡単に総括していたものの、あとで振り返ると、その頃から営業活動の効率化に関心があり、実際にそのための取り組みをスタートしていた、など、記憶について意味付けをすると、見方がまるで変わることがあるのです。

ここ数年、紙の手帳がまた売れているといいます。スマホやタブレットが普及する時代ですが、すぐに開いて閲覧や記述ができる故に、再び人気を博しているのです。デジタルのスケジュール管理ツールと併用する人も目立ってきたようです。

個人的には、この手のツールは、その時の仕事、ライフスタイルに合致したものを使うのが一番よいと思っています。また、テクノロジーの進化に合わせて、変わっていくのも手です。どのツールを使うにせよ、意識すべきなのは、これから先の予定を管理するだけでなく、今までの歩みを読むという行為も大事なのではないかということです。

ぜひ、年末や年度末には一年分の、可能であれば、少し前からの手帳を読み返してみてください。そこにはビジネスに関しても、自分の成長に関してもヒントがいっぱいあるはずです。手帳とは自分の歩みであり、宝物なのです。

40 仕事道具はいい物を使う

「お客さんの前では、いい物を使え」

新入社員時代に、先輩から言われた一言です。その先輩は、研修期間が終わる頃に私に名刺入れをプレゼントしてくれました。一応、親戚から新社会人祝いで貰った、そこそこのブランドの名刺入れを使っていたのですが。どことなく見窄《みすぼ》らしく見えたのでしょう。

社会のルールのくだらなさをどこかで感じつつも、ありがたく貰おうと、自分なりに納得しました。法人営業担当として、年間数百万から一千万円の取引をする際に、担当者が見窄らしい格好で、いかにも安物の名刺入れで名刺交換をしたり、安いボールペンでメモをとっていて、相手に信用されるのかということだと思います。この人は、この会社は、大丈夫なのだろうかと思わせてしまうかもしれません。相手にとってどう見えるのか、そういう視点を持つべきなのです。

だからといって、「ブランド物を買え」と言っているわけではありません。高いものを買えばいいというものでもありません。相手と自分にとって気持ちいいもの、ふさわしい物を使うというのはマナーのようなものです。

私が新入社員だった約二〇年前と比べると、安くていいものを買うことができる時代になりました。新品にこだわらなければ、中古で手に入れるという方法もあります。ヤフオク!、メルカリなどネットの中古流通サービスも増えています。

いかにも老害っぽい、説教のような話になってしまいましたが、実はこの「仕事道具はいい物を使う」というのは、自分にとっての喜びでもあるのです。気持ちいい仕事道具は、日々の仕事を楽しくしてくれるのです。

仕事で使うものは、趣味においていいものを使いたいのと一緒だと考えましょう。ゴルフ、スキーやスノボ、サーフィン、ギターなどなど、スポーツにしろ音楽にしろ、何か趣味に関しては憧れの物があるかと思います。実際、この手のアイテムを使うと上手になったような気になりますし（時に使いこなせないということがありますが）、使う前と使った後では視界が変わります。やる気も変わってきます。趣味では道具にお金をかけるのに、仕事ではなぜかけないのでしょう。

別の切り口で考えると、いい仕事道具を使うのは、効率化のためでもあります。仕事がはかどるのです。いい仕事をして、気持ちよく稼ごうと考えると、仕事道具にお金をかけるのは決して損ではないのです。会社や仕事が嫌いな人も、これをキッカケに仕事が好きになるかもしれません。

いい仕事をするために、仕事道具にお金をかけましょう。

41 服装のルールを設ける

同様に「仕事道具」でもあり、日々の楽しみでもある、「服装」について考えてみます。戦闘服だと呼ぶ人さえいますね。この服装へのコダワリも、会社員生活を楽しくするものなんですよ、ほんとに。

ここでもポイントは「相手にとって気持ちいいかどうか」なのです。自分が着たいものではなく、ビジネスで接する相手に対して最適かどうかを最初の基準として持っておきましょう。服装とは、ビジネスをする上で、この人は信用できそうかどうかという基準の一つなのです。仕事を成功させるためにも、会社の中で気持ちよく生きるためにも大事なアイテムです。

この手の話をすると、「なぜ、スーツなのだろう。私服でもいいじゃないか」「自己責任で、自分の好きなものを着ればいいのではないか」「茶髪でもＯＫにしてほしい」など、なんでもかんでも自由化しろという話になります。気持ちはわかりますし、私も一時はその立場を支持していました。

もっとも、この手の議論は過去の話で、世の中のドレスコードはかなりゆるくなっていると感じます。メディア系、ウェブ系などでは私服が普通になってきました。カタイと言われていた業界でもだいぶドレスコードはゆるくなっています。ジャケパンスタイルもだいぶ広がってきました。髪型や髪の色も多様です。

服装もまた、私が新人だった二〇年前と比べるといいものを安く買える時代になりました。ユニクロなどのファストファッションもそうですし、スーツカンパニーのように、ビジネス用の服を安く買うことができるお店も増えました。また仕事の道具同様に、中古流通を活用すれば安く良質な服を簡単に手に入れることができるようになりました。

このように、ドレスコードがゆるくなり、服装の選択肢が増えた時代は幸せな時代なのでしょうか。もちろん、自由度が増していることは歓迎するべきですが、一方で皮肉なことに、あなたがオシャレなのかどうか、とことん問われるようになるわけです。むしろ、スーツやネクタイの柄や、シャツの色について上司や先輩が注意してくれる時代はありがたかったとも言えます。自分で自分のスタイルを決めなければならないからです。自分の服装にルールを設けること。いま、するべきことはこれです。

では、どうすればいいか。するべきことは三つです。①自分がどう見られたいかを考えること、②人の力を借りること、③自分の服装を説明できるようにすること、この三点です。

まず、自分がどう見られたいかを考えましょう。信頼されたい、安心してもらいたいのか、何かこう新しいアイデアを持っている、すこしとんがった風なのか、シャープさを売りにするのか。自分の身近なビジネスパーソンなら誰のようになりたいのか。さらには、芸能人にたとえると誰なのか。このように、一度、風呂敷を広げて、よく考えてみましょう。

次に、やや現実的な視点で、所属している企業、担当している業務から、自分の服装が適切なものであるかどうか、客観的に考えてみましょう。自分がしたい格好で信頼を勝ち得ることができますか？

二つ目の、「人の力を借りる」について。自分だけではおしゃれは実現できません。美容師、ショップの店員さんの力を積極的に借りましょう。自分がどう見られたいか、どのような仕事をしているか、身体的な特徴などを伝え、提案をもらうのです。

やや余談ですが、企業の経営者の中には自分の身体のサイズを伝え、毎シーズン、自分の行きつけの店に「今シーズンのセット」をお願いしている人がいます。さすが、経営者だ、お金持ちだと思うでしょうが、人の力を借りるという意味でこれもまた正しい選択です。

三つ目の、「自分の服装について説明できる」という点については、単に「その格好は何だ？」と聞かれた時に言い訳できるということではありません。自分のコンセプトが明確かどうか、さらにはその服装が機能しているかどうか、きちんと説明できるでしょうか。説明ができるということは、コンセプトが明確だということです。

以前、大企業に勤務していた頃、「会社の中でどこまで自由な服装が許されるのか」と、部下から聞かれて、当時の社長は「『笑っていいとも！』のレギュラー出演者が着ている服」が基準だと答えていました。言い得て妙です。国民的バラエティー番組と言われた同番組だけに、レギュラー出演者は老若男女の誰が見ても不愉快ではなく、かつおしゃれだと感じる服装をしていました。

これは目立ってはいけないという意味ではありません。むしろ、同じような服装でも、自分らしさを出して、自分のポジションを作れということだと理解していました。

玩具メーカーで採用担当者をしていた際は、他社の採用担当者を横目で見ながら、エンタメ系の会社ならではの自由度を自分の服装には加味していました。とはいえ大人としてかっちりしていることも同時に外さないようにしました。結局、選んだのは、ジャケットにデニムというスタイル。大学教員としては、今もギリギリ許される線、文化人風に見えることを意識しています。

自分の服装のルールは、自分で選び決めましょう。これは没個性化するものではなく、気持ちいい仕事のためです。

42 時間に余裕のある人になる

「働き方改革」が話題となる今日このごろです。もっとも、いつの間にかこの議論は「長時間労働是正」の話になってしまいました。とにかく労働時間を減らせという話になっていると感じませんか。

もちろん、長時間労働は問題です。職場で人が亡くなったり、倒れたりするような会社や社会はごめんです。ただし、目標や仕事の絶対量が減らない中、労働時間を減らせと言われても、非現実的すぎて、一会社員といしては戸惑うだけです。

逆説的な話ですが、今の世の中では「いかに時間に余裕を持つか」ということが問われているのではないでしょうか。単に長時間労働を減らすという話だけではなく、いかに余裕をもって仕事をすすめるかということが問われています。時間に余裕を持った方が好感度は上がりますし、単に仕事に追われるだけでなく、次の仕事の仕込みができるのです。

どうやったら、時間的な余裕を確保することができるでしょうか。まず、やりたいことを書き出してみてください。「次回の〇〇のLIVEには絶対に行きたい」とか「ジムに行きたい」などです。いったん書きだした後は、優先順位付けをします。全部は不可能なので、絶対に譲れないものは何か、あるいはすぐにでもできそうなものは何かを考えます。

その上で、自分からスケジュールに予定を入れていきます。予定は入れられるのではなく、入れるのがポイントです。やりたいと思ったことに、とことんワガママになるのも、時間に余裕を持つコツです。

ちなみに、自分の時間を作るためのセコい努力として私が心がけているのは、「予定を入れない」という予定を、予定表の中に設けてしまうことです。

また仕事で接点がある人の「クセ」を理解するのもポイントです。仕事をする上で、その組織なり個人がかなり細かくこだわるポイント、逆にあまり重要視しないポイントなどを理解するのです。すると力の入れどころがわかります。逆に言うと、努力してもあまり評価されないポイント、先方がこだわらないポイントも明らかになります。過剰に相手に合わせ過ぎないことによって、かけるパワーを減らし、時間を減らすことができます。

「重要ではない仕事をいかに軽量化するか」これも考えるポイントです。そのためには、プチ交渉がものを言います。「交渉」というと重く感じるかもしれませんが、要するに「お願いしてみる」ことだと思ってください。仕事が大変になってしまう理由は、仕事を「短期に、高いクオリティで、依頼された量を、一人で、一から」受けようとしてしまうからです。いや、個人がそう思い込んでいるだけです。「明日までに二〇枚のレポートを一人でやっておいて」みたいな依頼を真に受けたりしていませんか？ そんなもの、無理です。こういう件は、実は相手もあまり考えずに依頼していたりするものです。特に、上司・先輩が若手社員に依頼する際はそうです。「交渉」までいかなくても、仕事の中身をちょっと「確認」するだけでも仕事は劇的に軽くなるものです。

その際に、下記を確認してみてください。

納期：時期を交渉できないだろうか？ 本当に明日まで必要なのだろうか？
クオリティ：本当はどれくらいのクオリティが必要なのだろうか？ 実はドラフトレ

ベルでＯＫでは？　過去に出した企画書などのパーツを一部使えないだろうか？　ひな形はないだろうか？

量：そもそも、そんなにたくさんの量の書類が必要なのだろうか？

担当：同僚や後輩、アシスタント、ひょっとすると上司・先輩を巻き込めないだろうか？　外部の人にお願いできる部分はないだろうか？

このように仕事そのものを見直すのも手です。

何かと時間に追われる時代です。だからこそ、いかに余裕を持つかということが仕事を確実にするポイントでもあります。

43 感じのいい話し方を身につける

会社員生活では、結局、感じのいい人が勝ちます。感じのいいコミュニケーションはどのようにしたら身に着けることができるでしょうか。

自戒を込めて、自分の反省点も含めて言いますが、早口、さらには専門用語や内輪の言葉を使わない、それを心がけましょう。いつの間にか、相手にとってわからない言葉でまくし立てている人になっていませんか。

ここでもポイントは「相手にとってどうなのか」ということです。たまに、自分のメールや文書を読み返してみましょう。可能なら、会議や商談を録音してみましょう。気づけば、感じの悪い文章やトークになっていませんか。

新卒の就活では面接対策のために、模擬面接を録画することをすすめています。実際に見てみると、身振り手振りから、言葉遣いから、何かと気になるものです。単に上手く話せたかどうかではなく、相手の聞きたいことに答えたかどうか。録画や録音をしてみると、自分を客観的に見ることができます。

また感じのいい話し方を身につけるために、ラジオを聞くことをおすすめします。特に昼のバラエティー番組は、誰が聞いていても不快感を抱かないような話し方をしています。また、感じのよい話し方をする上司・先輩・同僚を真似してみましょう。

ただし、真似する対象には気をつけなくてはなりません。よくあるのが、TEDなどのプレゼン大会や、あるいはベンチャー企業経営者の講演を見て、真似をするやり方です。これは、見世物的要素があるわけで、普段の業務でこれをやられると疲れます。情熱的すぎる言動は疲れるのです。まるで押し売りのようです。

真似するべきは「熱い」話し方でも「上手い」話し方でもなく、「気持ちいい」「感じのよい」コミュニケーションです。これは言葉遣いもそうなのですけど、相手の話をちゃんと聞いているかどうかが問われるわけです。

相手が発した言葉、自分が発した言葉、それぞれの意図を振り返ってみて、どれだけ嚙み合っているかどうかを検証してみると、命中率が上がります。相手が本当は何を言いたかったのかを汲み取ってみましょう。

そして柔らかい言葉を使うこともオススメします。私は仕事のメールが命令口調にならないように気をつけています。「○○していただけるとうれしいです」「○○だと助かります」などは使える表現です。

感じのいい言葉遣いを目指しましょう。気持ちいい心がけが、会社と社会をどんどん楽しくするのです。

あとがき

『社畜上等！』

本当に過激なタイトルの本でしたが、いかがでしたか？　タイトルほど刺激がなかったかもしれません。でも、それは、この本がまっとうであることの証拠だとも言えます。読み終えたみなさんが優しい気持ちになっていたらいいなと思います。どうせ会社で働くなら、楽しく働こうというのがこの本のコンセプトです。少しでもお役に立てたとしたら光栄です。

会社員とは誰なのか？

会社とは何か？

人はなぜ、会社で働くのか？

幼い頃から、私がずっと抱いている問いです。自分自身も会社員を経験していますし、いまも会社員と日常的に接する中、いつもこの問いに向き合っています。

日本の会社は常に問題を抱えています。人と組織の関係は問われ続けています。それでも、毎年、約四〇万人の新卒の学生が会社に入っていきます。何度も自由な働き方のブームがありつつも、多くの人は会社で働きます。

その会社で楽しく働くにはどうすればいいか。とことん考えました。ただ、最適な答えにたどり着いたとも思えません。やや、投げやりな感じがしますが、今度はみなさんが、この問いに立ち向かっていただき、その答えとは言いませんが、ヒントのようなものがあったら、ぜひ共有してください。

晶文社の足立さんに、「会社で楽しく働くにはどうすればいいのか」というテーマで執筆依頼をいただいたのは、二〇一四年の七月でした。それから何度も、執筆が止まり、ご迷惑をおかけしました。それくらい、この問いは重かったのです。ご依頼から三年半を経て、やっとカタチになりました。

よく本のあとがきで、「編集者の○○さんは筆が遅い私の原稿を辛抱強く待ってくれた」とあり、「そうか、そんなに書けないものなのか。本当かな」と一〇代の頃は思っていたわけですが、まさか自分もそんなに遅くなるとは思っていませんでした。

足立さんのアドバイスは常に的確でした。丁寧で、真摯なご対応でした。ありがとうございました。

装丁は寄藤文平さんと鈴木千佳子さんにやってきただきました。まさか憧れの寄藤文平さんに表紙をご担当いただけるとは。『R25』を読んで「なんだろう、このナイスな絵は」と思っていた世代からすると恐縮するくらいに感激です。『社畜上等！』という、振り切ったコンセプトの本でたいへんだったかと思います。でも、夢って叶うものなのですね。ありがとうございました。

この本の一部は、私の連載に大幅に加筆したものになっています。株式会社エネルギーフォーラムの山田衆三さん、情報労連の対馬洋平さん、ありがとうございます。

思えば、二〇年前、リクルートの新入社員だった頃、会社に行くのが嫌で嫌でしょうがありませんでした。そんな私が、こんな本を書くなんて。驚いています。あの頃の自分に言ってやりたいです。そのうち、楽しくなるぞと。

一〇年前、私は自己啓発本でデビューしました。何年も書いているのに、ちっとも上手になっていないかもしれません。でも同じようなことを書き続けているのは、ブレてないからだと思うことにします。上手くはなっていなくても、深くはなっているかと。

この本で救われる人が少しでも増えることを祈りつつ。

会社も悪くないものですよね！

常見陽平

初出一覧

◆第２章　自分を見つめ直す

10　エア転職をしてみる（「エネルギーフォーラム」2014年7月号）

11　「五年後」「一〇年後」を自分事として考えてみる
（「エネルギーフォーラム」2015年8月号）

14　仕事にプロの迫力を（「エネルギーフォーラム」2014年12月号）

15　自分の感覚が古くなっていることをちゃんと恐れること
（「エネルギーフォーラム」2014年11月号）

16　自分より若い社員をバカにしない（「エネルギーフォーラム」2015年5月号）

22　「頑張りすぎないこと」を頑張るという考え方（「情報労連レポート」2013年11月号）

◆第３章　会社の中で自分を活かす

25　自分と組織のパフォーマンスを測定しよう（「エネルギーフォーラム」2015年7月号）

26　社内起業で会社を利用するという考え方（「エネルギーフォーラム」2015年10月号）

27　素晴らしい会議とは何か？（「エネルギーフォーラム」2016年2月号）

28　会社の中での怒り方を身につける（「情報労連レポート」2015年８・９月号）

29　「できない奴」は誰が悪いのかという問題（「情報労連レポート」2015年１１月号）

30　見られていることを意識しよう（「エネルギーフォーラム」2015年2月号）

31　「嫌いな人」は誰でもいる（「エネルギーフォーラム」2015年3月号）

◆第４章　楽しく働くための仕事術

36　大掃除は仕事に役に立つ（「エネルギーフォーラム」2016年1月号）

37　読書術（「エネルギーフォーラム」2014年９月号）

38　今どき、英語を学ぶ意味とは？（「エネルギーフォーラム」2015年6月号）

39　社会人と大学院（「エネルギーフォーラム」2015年11月号）

40　記録を振り返ってみる（「エネルギーフォーラム」2015年12月号）

常見陽平
つねみ・ようへい

千葉商科大学国際教養学部専任講師、働き方評論家。

1974年生まれ、北海道札幌市出身。

一橋大学商学部卒業、同大学院社会学研究科修士課程修了。

リクルート、バンダイ、クオリティ・オブ・ライフ、フリーランス活動を経て
2015年4月より現職。専攻は労働社会学。働き方をテーマに執筆、講演活動に没頭中。

『僕たちはガンダムのジムである』(日経ビジネス人文庫)、

『「就活」と日本社会』(NHKブックス)、『「意識高い系」という病』(ベスト新書)、

『なぜ、残業はなくならないのか』(祥伝社新書)、『「働き方改革」の不都合な真実』

(おおたとしまさとの共著、イースト・プレス)など著書多数。


社《しゃ》畜《ちく》上《じょう》等《とう》!

——会社で楽しく生きるには

2018年2月5日　初版

著　者　常見陽平
発行者　株式会社晶文社
　　　　〒101-0051東京都千代田区神田神保町1-11
　　　　電話　03-3518-4940(代表)・4942(編集)
　　　　URL http://www.shobunsha.co.jp

印刷・製本　中央精版印刷株式会社

ISBN978-4-7949-6989-7 Printed in Japan
